你终将爱我

主编 张小娴

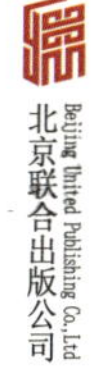

北京联合出版公司
Beijing United Publishing Co.,Ltd

Contents

爱·沉沦

Chapter 01

你试过沉沦的感觉么？

带着危险气息的、令人迷醉的、

无望又难以自拔的爱，

像醉酒，又似溺水，越挣扎越深。

四肢百骸都已放弃，心却不甘。

爱的是他，还是这欲罢不能？

不舍的是爱，还是那罂粟的幻觉？

黑洞

by

榛生

Why do I love you,sir?

Because when the wind passes,

the grass cannot keep

her place.

他是一个黑洞，

光都无法从其视界逃脱，

何况区区一个女子。

谁爱上他，

谁就栽在他里面，

永远得不到解脱，

因他是一个太好的爱匠。

萱冠一直迷恋着黑洞的传说。

据说人如果被黑洞捕捉，在一刹那，身体即会化成亿万个碎片，而碎片又会不停地碎裂，成为更多、更小的碎片。像尘埃或雾，哦不，或许像一团星云，在宇宙深处湮化——全宇宙最小的星云，不同的人也许会有不同的颜色。

萱冠觉得自己会是比较忧伤的利休灰，或者是那种只有用通感的手法才能形容得出的、介于雨天、寂寞、因色盲而分不清楚一朵丁香和一颗星的、很无端的淡紫色。

如果可以有那样的死法，萱冠很愿意一试。

怎样从一段失恋中走出？萱冠的答案是唯一的：开始下一段恋爱。

亲朋好友、报章电影，他们都说着张口就来的大道理。然而萱冠认为，在失恋这件事上，说大道理的人都应该被涂上屎，拴在地铁后面拖着飞。他们说“时间是治愈一切的良药”“去旅一场很久的游”“大吃大喝”“疯狂购物”“拼命工作”，这些，不都是自欺欺人么？以为都是花柳病要老中医治么？所以，对于失恋，萱冠除了憎恨失恋本身之外，也恨那些劝导她的人。对于她来说，唯有开始下一段恋爱，才能真正获得拯救。

萱冠失恋有一段时间了，现在，每晚需要吞服一片安眠药才能入睡。绿色橄榄形状的小药粒，非常非常苦，苦得就像人生本身。萱冠也是在二十七岁高龄，才猛然惊觉药是苦的。小时候，药片总是被母亲混着糖丸给她吃，她根本以为，生病好快乐，因为很多药都是甜的。

似乎人人都知道丁萱冠失恋了，萱冠的身边，忽然涌现出一大堆关心她的人。“哟，瞧你瘦的，得多吃点儿啊！”“气色不好呢，亲，怎么连妆都不化了？”“别想那么多，听说你失眠，去试试针灸，管用的！”这些人拿出一副好心肠的样子，忙不迭地要告诉萱冠：真没想到，你也有今天啊！

是的，那场爱情太炽烈，如同太阳趋近地球，日珥舔舐印度洋，整个海水煮沸冒泡——世界末日般的爱情，是遭嫉的。世间太多寻常人，连什么是爱情都不知道，连个像样的恋爱都没谈过，就老了。所以，萱冠的那场热恋，烫痛的不只是身边的熟人，可能连路遇的陌生人，看到这女人满脸春意、疯了似的跟男友分吃一个冰激凌，也会抛出一句恶心。

但真的就有那么快乐，那么爱。对方是一个配得上她的男人。萱冠的美貌与聪明，放在任何男人手上，都会有折堕之感。总觉得如果对方聪明足够，相貌和气质就差了。如果对方看着顺眼，则又显得不够有智慧。但在他手上，不会。

所以，也是活该，活该很快就分手。因为萱冠没有好好学习，学习任何女人一生都不得不去承认的一句话：太完美的男人是不存在的。

时间消融了萱冠，三年，她变成连在她自己眼中也平平无奇、不再能说笑话、不再能在对方说笑话的时候反咬一口，令其哈哈大笑，拍着她的头说你真可爱的丁萱冠。一天下班之后，在超市，她碰到当时的男友，他也在买菜。两个人都在买菜，但她知道他先看到了她，他没有打招呼。她呢，看着他的背影，也没有走上前去。这样，两人在超市里各自逛着，尽量避免逛到对方那片区域里，然后再各自提着购物袋回家。回家，一起做了顿饭，双双不露声色地吃完，收拾碗筷，倒两杯龙井，几乎是异口同声地谈到分手。

萱冠也真的没有想到过：原来她也可以每天以泪洗面。

她翘掉下午研究所的实验，去壁球馆打壁球。壁球如同人生的暗喻：击打得越用力，它弹回得越带劲。伤痛也是如此，太在乎，也就太容易觉得痛。人只能学会不在乎。

导师对萱冠说："实验可以不来，但考试过不了，我可管不了你。"

现在学术界都年轻化了，导师带的这班小研们，最老的一个就是萱冠了。导师自己也很年轻，四十出头，博士后。

萱冠感激导师的理解，拼全力挤出一个苦笑，说："有适合的人，请介绍给我。"

记得分手后的几天，还一直吃着那天买的东西。酸奶、牛奶、果汁、娃娃菜、香菇、豆腐乳。一边哭，一边吃，一边想念着和他在一起的时光。可是理智告诉她，他们已不可能再回到当初，甚至，作为一颗有洁癖的心灵，萱冠不允许自己再和他见面。

导师问要不要去国外游玩，萱冠跟着去了。于是她认识了新的男人，因为这个男人的出现，她才知道，原来恋爱这种事真是学无止境，运气好的话，你总会遇见更精彩的对手。

初次见到修为，他跟着朋友要去海钓。海钓很辛苦的，他们要留下所有的女人在岸上，让她们找会所推精油，做马杀鸡。作为代价，修为要为所有的女孩儿埋单。跟外国店主讲价，萱冠发现他居然会讲泰语。当天他穿得像菲尔普斯，因为他打算在船开到海上时跳下去游个畅快的泳，大概为图方便，不打算换衣服，就穿成了游泳运动员的样子。他有好看的身形，又瘦又精神。人的身材也分多种，有些人看上去也高大健硕，但是健硕得那么土气。他则不，他恰到好处。

其实他从外形上收获萱冠的注意力，是到达酒店第一天夜里，他游泳的时候。当晚下了飞机很累了，大家都没去游泳，他咚的一声跳进酒店的游戏池。月光下，一位男人鱼。萱冠是个喜欢细节的人，盯着他笔直而削薄的肩看了看，她对修为说："我不推油，我要去海上。"

他说："真的？你吃得消？"他眼睛亮了，看着萱冠，其实他们也不是不欢迎女人上船，只是怕那些女人半途受不了颠簸而要求返航，破坏整体的安排。他看着萱冠的脸，似乎断定她是个不娇气的姑娘，于是他说好。他们船上正愁没个美女来惜英雄，钓上来大鱼一群爷们瞎高兴有什么意思呢，旁边有美女负责尖叫那是最来劲的。

“我不晕船，而且会做鱼生。我还带了芥末跟酱油。”萱冠说。

当天海面大雨，远远地可以看到气旋将乌云逼进狭窄的礁缝。大雨，海面上的大雨比陆地上的雨浑厚苍凉得多，人处在其中，有种身世沧桑之感，会体悟人是如此渺小，如此形同蝼蚁，而胸口的热气又是这么宝贵，生命真是神奇。他们在萱冠的尖叫中拖住一条因贪馋鱿鱼碎块而中招儿的成年金枪鱼。那鱼太有力，中奖钓到它的人收竿慢了，萱冠看到修为推开那个不中用的人，坐在椅子上，信手摇回尼龙鱼线。大鱼被拉上舺板，活的，闪着银光，目光狠毒。死之前，来个翻腾打挺，船跟着小小地摇晃。

他们在雨中杀鱼剖肉生食。

当晚回岸上，修为的电话就来了。他单独约她走走，他们去热闹的集市与酒吧区。这一次萱冠想喝醉，虽然她还不太认识他，只知道他是同学的朋友，一起拼团来玩的。但是他给她可以交谈、可以懂得的感觉。不多见了，能遇见这样一个有感觉的人。遥远的信任感，亲切的陌生人。他告诉萱冠他才从国外回来，没有工作，没有住处，没有钱。三无人员。

他听说她有一点点感冒，问她：“想吃什么。”

萱冠无意地说：“什么都想吃呢。”

“你是《红楼梦》里的人么，病了却爱吵着要吃的。”工科博士，能随口说出《红楼梦》的细节，萱冠又给他加了分。

然后他为她洋洋洒洒点了一桌的菜，太夸张了，萱冠记得他最后硬给她再点了一份冬阴功汤，以一副不容拒绝的样子。他结了账，付了小费。然后说：“小姐，你把我吃破产了，一个子儿也没了。所以，你可不可以请我喝杯酒。”

那一夜的酒与人生，是整个人类历史中堪称绝艳的一笔。萱冠坚定地认为：有关爱情，也许每人有不同的感触。但萱冠知道，她得到的足够华美，足够华美得让人落泪。

就这样，萱冠有了新男友，她等了二十七年的男人。她曾一度坚信会和他走到老。他有一个习惯是，两人走路拉着手时，他总爱用大拇指摩挲她的手，寻找她手上最软最细滑的皮肤，像个贪恋舒服而扑在细软的料子上睡着了不肯离开的孩子。

她曾经问过他之前的情史，他答得干脆：相亲。

他告诉萱冠，相亲也有相亲的好处：可以慢慢提升情商。比如，他终于知道相亲结束时，如果有一方说出“常联系”，就一定代表不再联系。

他跟萱冠讲起他相亲的经历。他总结道：男人的想象力没有女人好，所以在相亲之前，只会把对方设想成一种类型——美女，而见到实际的人，往往没有他们想象中漂亮，他们就会很失望。所以，相亲这种事，女人失败的概率比较大。

“那如果我们是相亲认识的，你会对我说常联系么？”萱冠笑着问他。

他凝视萱冠，认真地说：“是的啊，我会说常联系，想每天见到你，是真的想常常联系。”

“那你看上我哪一点？也许只是，我没有让你失望，我是美女？”

“不要骄傲，美女我也见得多了。”

他没说谎，甚至真实得有点儿谦虚。事后萱冠知道，他不仅美女见识得多，丑女、平庸女也不放过。他之前的恋爱，可以用一个时髦而羞耻的词语总结：跑量的。当然，萱冠是萱冠，这段恋情开始的时候，有一次，两人去看Eason的演唱会，下一首歌是《黑暗中漫舞》，Eason对台下的人说：“请问，有没有一文钱啊？”有人给Eason一枚硬币，Eason走到台上的木马旁，投入硬币，坐下，晃起来，音乐响起。

在那一刻，萱冠觉得她的肩膀被他揽住，那时候她觉得，她是一个幸福的女人——自上次失恋后，她终于又是一个幸福的女人了。

不必再孤单，不必再忍受一个又一个寂寞的节假日，不必买了好吃的水果一个人吃不完眼看着它们在冰箱里变成干尸，不必一个人去吃料理被那些没见过世面的食客上下打量……

但是死党有一次跟萱冠说："我有看到你的男朋友和另一个女生在一起。"

在一起？和谁在一起？在一起干什么？死党不肯说了。当了这么多年的死党，如果不是发生极大的事件，她不会这么八卦。

没有一个女人愿意去怀疑所爱的男人对她的诚意，那是你所能想象的最大的自伤。相处三个月之后，萱冠发现自己开始有意无意寻找蛛丝马迹。真可悲，她想她真的很可悲。

她也才开始发现，她是喜欢他的，如果不是因为喜欢，不会想要如此刨根问底，大可以拂袖离去，像那句古诗说的，"事了拂衣去"，谁也不欠谁的，就当彼此玩了个游戏，做了回伴儿。

但动了真感情是不一样的，萱冠觉得泰山崩于前，洪水来临，脚下的路在塌方。

每个夜晚，入眠前总会思虑；每个早晨，醒来后也总在纠结。人们说，如果你每天睡觉前和醒来后总在想同一件事，那就是你必须要去面对和解决的事。淡定的萱冠已经被坏心态吃掉了，直到他的手机偶然放在她触手可及的地方……不，萱冠没有翻人家手机的习惯。但是这时候，恰逢一条短信进来，她还是忍不住低头看了一眼，上书："我们今天在哪里见面呢？"

见没动静，隔了一会儿又发来一条："老地方吧，我先出发了。对了，把我的衣服带来，上次落在你家里，桃红色的那件。"

萱冠没有和他同居，所以那个女人大可以在他的家中，放一件两件桃红或粉红的衣服。

直到很久以后，这位传说中的桃红请求与萱冠见面。她跟萱冠说了一句话，让萱冠也非常窘，堪称她人生中最窘的一次。桃红说："我跟他说过很多次，能不能不要当着我的面和你发短信？"

那些午夜，那些萱冠以为甜蜜、温柔、被爱的午夜，她跟他互发着实则无甚意义但当事人却觉得超级美妙的短信。她当时正和他热恋，起码她是这样认为的。可原来，她只是作为另外一种身份存在着。被动无意间，她成为第三者。萱冠为那些午夜汗颜，虽然，那时，她真的并不知道桃红的存在。

从短信那天开始，萱冠发现，她的人生，犯了一个很大的错误，这比实验中把酚酞和高锰酸钾弄反都罕见。她居然想通过快速的恋爱，让自己幸福起来。静下来想一想，这就如同要求自己买一张彩票就必须中八百万一样。人世间，从来没有这样速成的事。

有很多个瞬间，萱冠想象着分手的情景，转念便有个声音在提醒她，也许，也许他对她是真心的。他可以对全天下的女人不忠，但他也许真的爱上了她——丁萱冠。这样想时，萱冠就要落泪。是的，女人再理性，也最终抵不过她们骨子里的虚软哀伤，除非，她从不分泌雌性荷尔蒙。

就这样，分分合合很多次，他从死不承认到最后说他会改，中间经历了多少刨根问底，萱冠都不知道自己会有这么大、这么强韧的力气，去问那些折损自己尊严的问题。他承认他和桃红的关系，但他从没承认他的人格是有问题的。萱冠告诉自己，务必离去，因他不诚实。可是他诚实她就应该留下来吗？他诚实地承认他人格有问题，她难道会留下同一个人渣在一起？

当然不会。

什么时候才是结束的时候呢？还要多亏了桃红。那是一个周末，他蹭到萱冠的公寓。他不知怎么知道了萱冠和桃红见面的事，他开始向萱冠证明他对桃红的鄙视以及他自己的清白。他的逻辑是这样：我都如此看不起她了，怎么可能还和她有一腿呢？

他说到桃红最糗的一幕。因同在一间公司，尾牙酒会相逢，桃红喝多了，走到他面前欲叙旧。没等他开口，醉酒的桃红已经撑不住了。红地毯，周围衣香鬓影的同事，最大的领导也在那一桌。她当然不好意思吐在地上……于是她打开自己的皮包，一只新款爱马仕，为酒会特意去香港买回来的……

他说：“她背的爱马仕也像假的。”

真刻薄。

然后转而面向萱冠，深情有余地说：“你呢，你无须那些物质便可以很美丽。我还记得初次见面时，你裙子下摆的蕾丝。很少有女人能把蕾丝穿得好看，不是显得廉价，就是显得幼稚。而你，恰恰好。所以我才想与你交往。”

原来，这样一段奇情经历，还要拜那条蕾丝裙子所赐。

萱冠忽然觉得一阵反胃，但没像桃红一样吐出来，只是说：“和你商量件事吧。”

“什么？”

“和我分手。”

他嘴角抽搐几下，就好像中了毒箭，或者被鱼刺鲠住。但高手毕竟是高手，久经沙场，也知道什么样的话题是没有回旋余地的，什么样的女人是一去不回头的，所以他最终发狠离去了。

他离去的背影——他走到门边，穿鞋，然后拿着自己的行李，他有一只放在这里的皮箱。他把门轻轻关上，在关门的时候，有大概三秒的慢与迟疑。他做这些动作倒也不失斯文有礼，最重要的是，这三秒钟，是回忆的三秒，时空缩放的三秒，是黑洞的三秒。道行稍浅，便会冲过去，抱住他说，不要走，我们可以重新开始。然后，然后会怎样呢？开始下一轮痛苦、无谓的纠缠、无果的徒劳的感情付出。他到底是一个黑洞——只允许外部物质和辐射进入而不允许物质和辐射从中逃离，甚至光都无法从其视界逃脱的天体。科学如此解释黑洞，拟人一下，完全适合他。

谁爱上他，谁就栽在他里面。永远得不到解脱，因他是一个太好的爱匠。

萱冠的侥幸，不客气地说，盖因她也是爱情赛场上身经百战的选手。她比桃红幸运，没有被吞噬得体无完肤。能从他这样一个黑洞中抽离，不是狠人做不到，不对自己狠心也做不到。

在他关上门走出去的那一刻，她知道她已经飞速无声地碎裂成了片片，重被吸进失恋的气旋中。她的一切快乐与不快乐的始源，她作为一个女人的最深刻的一段爱情，已经片瓦不存地被他吸走，蒸发，变成气态，最后湮散。所以，到底是受到了伤害的，只要之前的恋爱太快乐，分手时无论怎样优雅硬撑，也无法抵抗分手本身的狼狈。

该用怎样的忍耐力，才可以不被失恋摧垮，才可以自己一点一点地、默默地、耐心地重塑金身？

没有办法，真的没有任何办法。挨着时间，行尸走肉地过日子。大概绝食三天后，路过学院的食堂，飘来鱼片粥的味道，萱冠不顾风格地跟大一大二的学妹抢饭。一大碗粥，坐在食堂的塑料椅上吞完。抬头看到周围的人都在看她，看一个学姐，一个甚至是太多人偶像的学姐，怎样大口吞咽着食物又流着眼泪，最后这一碗粥被眼泪稀释变成了两碗，她全吃完。

就是这样挨着，挨着。忽然有一天，萱冠发现她做梦后没有再悲伤。她正式地跟自己说，最后完整地想他一次吧。于是她把他的好全记起来，再把他的恶也记起来。她拉开窗帘，让外面的光透进来。她拔掉盆栽中的尸体，把土倒在平铺的报纸上，一块块捏碎，然后出门去买了一棵新的多肉植物，种好，用吸管一点一点地浇水。干完这些后，她忽然想到最恶心的一件事，是的，这件事她刚才忘记想了。他赞美她衣服的蕾丝漂亮，为了不和她分手，他想用这样的方式讨她的好。一个男人如果不是精明于女性的种种，怎么会把一件女人衣服形容得这么细致入微，把一份感情建设在一件衣服这么轻薄的基础上？是的，那条蕾丝裙子，是从英国古着店购得的，据说，仅下摆那一段并不复杂的蕾丝花边，就要一个熟练的女工花上一个月的时间才能完成。

其实他只需要说，你这条裙子很漂亮，便足够了。

有些人就是喜欢画蛇添足，有些感情也是。

萱冠分手的理由，在他看来是很神经的吧，为了他夸奖她衣服上的一段蕾丝很漂亮，她居然怫怒，甩了他。随他去吧，萱冠想，不了解女性的男性，不是他们愚笨，恰恰是因为他们太自作聪明，从来就没有想过好好地了解女性。

如此这般，萱冠终于明白，要从失恋中走出来，最好的方法是开始下一段恋爱。但一定要保证，和你开始下一段恋爱的人，是值得你爱的，并且也会彼此珍惜的。

好难啊，但让我再试试，萱冠想。

电话响，是导师：“今天忙吗？晚上可有空？出来走走。”

萱冠人漂亮，所以运气好，总是前一段恋情刚结束，后一段马上递补。迅速回忆一下导师的长相、身高、过度掩饰的羞涩、深藏不露的闷骚，是什么让导师发出这样的邀请？人类真是奇怪啊。

萱冠回答导师：“明天吧，天亮以后可以看清楚我，也看清楚自己。”对着年长自己十三岁的前辈说这种话，显得自大得不得了。但是对方宽容地呵呵笑了，说：“好，明天清晨出来，其实我只是想告诉你论文有好几处写得很好，想同你喝杯酒，你写出了我许久想写而没写的一个概念。”

这是导师这种男性追求女孩子的特色吗？

还是，根本只是认真的学术探讨？

萱冠钻入互联网：“水瓶男研究”“AB性格男解密”“男生主动请人但说是谈正事怎么破”“他有多喜欢我”……在线求助。众多回答中，有一句话好像一声警钟响起，那个人问：“你首先问没问过自己，你喜欢他吗？”

萱冠没有决心说不喜欢，也没有胆量承认喜欢。

“这样的话，找到幸福的路要难多喽，人嘛，总应该知道自己想要的是什么，再去找。”

多么简单的道理。

第二天早上，导师跟萱冠在食堂碰面，说昨天晚上有些冒昧，希望萱冠不要介意，但周末有一场音乐会……

看来，这次萱冠又赢了，她又遇到了追求者，可以排解失恋的痛苦。

但萱冠说：“周末，我要回家看望父母。”

萱冠依然相信医治失恋唯一有效的方法是开展下一段恋爱。

但是，她没那么急了。

或者说她可以在焦虑之中学会忍受，学会慢下脚步等一等。

等的不是别人，等的是自己，那个急性子却又慢吞吞的自己。

Chapter 02

爱·钦定

某天，我的瞳孔、

我的鼻腔、我的肌肤、我的怀抱，

突然渴求你的气息。

如同被打通了任督二脉，

自你吻我的那一刻起。

这样俗气的爱情，俗气的温存，俗气的你……

为何我内心却胀满了欢喜？

对不起，在遇见你之前，我错认了太多的路人。

风流人物

by

刘贞

Love is colorful,
like the flush
in the face of
a patient.

亲爱的，
你知道吗，
神会有他的安排，
春天到了，
一切就会好的。

在超市遇到贝扬古，我穿着一条没有个性的棉裙，头上别着一根簪子，左腮上还有一颗顽强的痘痘，气质介于潇洒和邋遢之间。他不再蓄须，穿着图案艳丽的T恤衫和夹脚拖，一望便知是有了年轻的伴侣，在忙不迭地攀扯青春的尾巴。

我们亲切地交换了意见，对近期的物价、天气和地铁、航班准点率进行了深入的讨论。会面的气氛融洽和谐，中途他身后绕出一个姑娘，扭股糖似的附在他手臂上。

他介绍说，叶小翠。

翠姑娘水蛇腰杏仁眼，从上往下看，眼睫毛能戳瞎你的狗眼；从下往上看，鞋面能刺破你的苦胆。忽略浮表的过度装饰，姑娘的五官底子不错。如果不是钟婳婳在我右手边一路直眉瞪眼地盯着小翠姑娘，这次重逢可以说是接近完美。

我说，你讨厌这女孩儿呀，人家都走了，你眼神里的杀气可以释放了吧。

她说，哼，我刚在货架上找了半天，原来最后一盒小熊饼干被她给拿走了。她眼珠子转一转然后盯在我脸上说，你不生气呀。

我说，我又不爱吃小熊饼干，我生什么气。

她说，也不知道贝扬古那么奉承她是为什么？

我说，人家年轻貌美嘛。

钟婳婳撇撇嘴说，年轻女孩子当然是好看的，她也就是一般女孩子那种好看，没什么突出的，最大优势就是年轻。

我说，看这些包包，比起上一季，有何突出之处，除了够新，你还不是一样趋之若骛。

她点点头说，看来你是真不在乎贝扬古了。

我说，个人有个人的本分，现在啊，轮不到我在乎贝先生。我该在乎的另有其人。

时移世易。

初识我曾经问过他，你在乎我吗？

他说，在乎，在乎生命一样在乎你。

要分手的时候，我说，你不是说过你在乎生命一样在乎我吗？

他说，我允许我的生命有残破。

他没有前兆就离开了，我还是勉力地活着。那时候真是年轻，晚晚睡不着，可第二天额头仍是光洁的；每天三杯咖啡，胃也居然没有造反。只是心里忽一下荒凉得能长出草来，忽一下燥热得如同赤地千里。我仍然在吃饭，开会，聊天，写报告。遇到横穿马路的人会骂一句shit。看到海报上美丽的小腿会吹口哨说“哇噢”。坐在电影院里看到The End仍会哭泣。听到营养不良的笑话仍然会笑。黄伊仟这个人看起来还在，但是魂魄被打散了，特别是夜深的时候，心简直有分崩离析的势头，创口刺啦刺啦，有长出裂缝的声音。那时候我想：这个裂缝要么会给时间焊死，要么会颤颤巍巍红艳着，每一季开出一片桃花。

那个冬天冷得出奇呢，晚上钟婳婳常常会从她的房间跑到我这边来，坐在我的床上咔嚓咔嚓地吃饼干，留下一床碎屑。

她说，真寂寞啊，留点儿饼干渣，要是有两只小强来投奔，也好啊。

有一晚她抱着我说，黄伊仟，你哭了你知道吗？你在梦里哇哇地哭你知道吗？

她说，我本来以为你是江姐一样的人，你看人家失恋了眼神没有乱，连头发丝也没有乱。原来你忍得这么辛苦。

她正色说，亲爱的，你知道吗，神会有他的安排，春天到了，一切就会好的。

果然，神有他的安排，某个春天，张岸来了。

钟婳婳望着我说，那些过往你都忘了吧，我这梨花一样的心灵，真不理解你们这些冷酷的成年人，萝卜皮一样粗糙的灵魂。

我拍拍她的肩膀说，梨花，走吧，不是要买衣服吗？

钟婳婳说，你看你看，前方有个美人。比起这个姑娘，贝扬古的新女友真是路人一枚。说起来也还是那一路的锥子脸假睫毛，身姿妖娆，好看程度就像电视剧里熟脸儿的闲角儿小旦，在天姿国色的女主角面前可能被瞬间艳压，可是一旦出现在商场酒肆寻常巷陌，还是很吸引人的。

我和钟婳婳傻头傻脑地看了半天，跟着人家到了内衣专柜，经售货小姐提示，确认这个姑娘是拍过杂志照的模特。女孩子选了件藕荷色的内衣走了，钟婳婳也跳过去要求试同一款，然后假装闲闲地问售货员，刚才那个女孩子买了什么尺寸的。

钟婳婳说，不公平，我的A还是小写的，她居然36C。最讨厌这种皮肤白眼睛大的青春少艾，知道她还有如此伟大的上围，真是恨得牙根痒痒。

我说，那你买不买呀？

她说买，为什么不买，敝帚自珍。

在二楼吃冰，钟婳婳说，嗨，你看那个美女在等车，我倒要看看载她的是什么样的香车。

一辆黑色的卡宴驶过来，牌号非常熟悉。果然，我们的老友苏子富殷勤地下车开门，伺候美女上车，微翘着兰花指潇洒地关上门，顾盼自得欲待扬长而去，抬眼看见了坐在窗口的钟婳婳和我，羞涩地挥了挥手。

钟婳婳拿小勺扒拉冰激凌，说，早知道要杯沙冰了。出门全是年轻小妞，不是比你高就是比你白，再不济人家也比你年轻。这还让不让我们身材平板性格丰满的人活了。

我拍拍她说，你综合素质高，单只年龄，高她一大截。

她瞪着我说，我还有眼袋也大过她。张岸等一下要来接你对不对，问问他是二十岁的小姑娘好看呀还是你好看。

看看门口，我说，他来了，你问吧。

张岸谨慎地说，她们的美貌没有新鲜感。

钟婳婳说，对呀，我的脸方得多有个性呀，雀斑多灵动，胳膊上的赘肉多么洒脱不羁。

张岸说，她们的美是静态的，你们的美是动态的。

钟婳婳说，是啊，赘肉和皱纹还在增长中。

张岸瞧瞧我，说，小钟何事如此消沉？

我说，哼哼，有所思吧，或者是没吃上小熊饼干。

张岸说，早说啊，他把手里的纸袋递给钟婳婳说，小熊饼干和Hello Kitty公仔。

我说，你买的？

他说，我侄女给的，她说这么幼稚的东西，只有伊仟阿姨的好朋友才喜欢。

钟婳婳拉住张岸说，能克隆一个你吗？你有失散在海内最好是海外的孪生兄弟吗？

把钟婳婳送到家，回程中，我告诉张岸今天遇到苏子富的事。张岸笑起来，说，怪不得小钟情绪不佳，看来苏子富的新女友很美啊。比马丽珍如何？

我想了想说，论五官新人更好看，论姿态呢，还是马丽珍婉转。

之三

苏子富我们很早就认识，他在学生会里是个不大不小的头目，家里有钱，传说有油井什么的，人倒没有衙内的气象，常常被人呵责，也不见他翻脸。钟婳婳一直不喜欢他，说他俗且没斗志，躺在福荫下混日子的寄生虫。后来毕业，他们都进了银行，钟婳婳是勤勤恳恳做事，一个小数点一个小数点兢兢业业地算账，苏子富嘻嘻哈哈无惊无险混到五点，反正他家里就有提款机，随时拿得出一把金卡。

跟他熟起来是有次开会，钟婳婳和他坐一块儿，总行的领导做了一篇孔孟道德的斑马文章，听者昏昏欲睡，宣讲者兀自慷慨激昂。苏子富拿出漂亮的万宝龙本子用一次性圆珠笔画小人，个个口眼歪斜。

钟婳婳忍不住说，太浪费了吧你。

他没抬头说，比起我奉献的时间来，一点儿也不可惜。

钟婳婳问他画的是什么，他说屈原、岳飞、袁崇焕和内心的我。

钟婳婳跟我说，每一个小人都是疙里疙瘩的，说不出的冤枉，说不出的可怜。

钟婳婳说，苏子富看着吧，面白无须、眼大无神，一副草包相，其实内心还很细腻。人就是这样，不认识可以充沛地鄙视他，认识了势必会原谅，他的出身、他的爹娘、他的鼻炎、他的乡音、他的胃下垂，不能再心无杂念地烦他。

从此，她和苏子富的友情一日千里，跟我汇报说此人酒品上佳，喝多了以后就会高歌陕北民谣，喝醉前一定会沉默埋单，受了气绝不记仇，吃亏更是家常便饭。

她拍板说，这个人一不会跟你借钱，二不会向你寻仇，更不用担心他求爱未遂报复你，这个人可交。

我问她，为什么这么笃定？

她说，他有女朋友，他根本不喜欢我这一型的。

就是那时，我在饭桌上认识了还在电视台实习的马丽珍。现在她是城中闻人，大家习惯叫她Mary。Mary姐《教你学礼仪》的海报竖在城市的高架桥上，笑得非常中产，看不出来此处是个小山村。

彼时她专科刚毕业，小镇姑娘要在城市立足，一切要靠苏子富启蒙。每天都在感叹星巴克的拿铁怎么那么好喝呀，原来牛奶是可以炸来吃的，原来最美味的白米粽子是裹了肉松的，原来世界是这样的。她很乖觉，苏子富说家风保守，她就裙长过胫，真的掩藏利器，爱护家珍。

马丽珍毕竟是个聪明姑娘，会举一反三，知道天外有天。他之外，她又有了个人。苏子富是个大方的人，并不纠缠，她的长腿能掩住，蓬勃的野心却遮不住。

那时我在台里做初级编导，小喽啰一名，马丽珍也会下力气笼络我。她这个人有些地方说不出的小家子气，常常忽然就发作，一种湿答答的亲热，揽住你的臂膀，整个人就印度飞饼一样紧密全面地贴上来，像失散了十年的手足。我这样生性疏淡的人难免有点儿尴尬。

但是她也有优点，红了以后遇到我们仍笑得赤诚，如春风一样扑面而来，并没有倨傲的神色。看得出是抖擞精神地做人，不希望失却任何人的欢心。只能说谁的成功都不是随随便便的吧。

不知道是对马丽珍太难忘怀，还是说就爱这一款，苏子富以后追求的女子，都有点儿马丽珍的影子。包括今天这个小模特。

之四 ……………

第二天，苏子富说要请我们吃饭，钟婳婳说，哼，交代案情吧。

苏子富低声下气说，小孙虽然是个模特，但是特别懂感情，不是那种肤浅的人。她很喜欢民歌，爱看书，不仅学过宝石鉴定还会背茨维塔耶娃的诗呢。

钟婳婳说，你确定她说的是茨维塔耶娃，不是莎拉波娃？一个23岁、36C、会背诗、爱听民歌的女生，一听就是个圈套。学这些都是为了将来能够鉴赏珠宝吧。真不知道原来除了柴静，这世上还有这样才貌双全的女人？！好吧，我祝你这一次的恋爱充满了诗情画意。

苏子富态度唯唯诺诺，不敢分辩，像对着更年期的老娘亲。

钟婳婳说，你笑什么笑，黄伊仟，他失恋的时候反正不是找你拼酒。

她狠狠地剜一眼老苏，说，坚定的冤大头不是一天炼成的，勇敢地去吧，头破血流的再回来，我会给你准备个小抹布擦眼泪的。

这一天来得很快。苏子富的小女友有机会去上海发展，表示很不忍心掐断爱情的小萌芽，但是为了将来能以两棵大树的形式在高处相握，请他割爱放行。苏子富拎着黄酒来找钟姗姗，喝多了以后唱了三首陕北民歌，引来了五个邻居，齐声赞好。钟姗姗说他其实向娱乐圈发展倒是比较靠谱。

转头小姑娘试镜失败，又回头来找苏子富接机。苏子富颠颠儿地买了鲜花去机场，把钟姗姗一个人扔在宜家门口。钟姗姗说她等了半天没有出租车，就回去在宜家的沙发上卧了一会儿。

第二天苏子富打电话给我，说他去跟钟姗姗赔罪，钟姗姗把他堵在门口倒是没发火，只是说头疼要睡觉。他让我帮他问问，她严不严重。

我去钟姗姗家，按了一遍门铃她就来应门了，说正在看京剧《白蛇传》。

她说，两口子断桥重逢，金山寺一场鏖战就化作云烟，只是人家夫妻间耍花枪的小情趣。小青在这里有一句念白，说看他们恩爱如初，倒显得我小青器量忒窄。

钟姗姗说的这句话真真说到我心坎里：他们分手再恋爱，勇敢地摔倒完美地再出发，看的人入了戏，傻傻以为真能感同身受了，其实还是外人，我还兀自惊心动魄，做戏的人已经推倒重来，泼悍犹胜往昔。

她说，我越看越心寒，越看越惊疑。爱究竟是什么，你们前赴后继地跌倒又爬起、得到又失去，你们究竟有多少机会可以错多少次？

我说，你问我吗？我觉得你应该给自己一个机会。你该问，你可以错过多少次？

她转头幽幽地看着我，说，总不能把一点儿异动就泛滥成倾倒，把一点儿惯性就敷衍成依恋吧。爱不应该慎重吗？像老苏那样每隔一个月就神魂颠倒，那是爱得勇猛还是蠢得可以？

我说，亲爱的，你这样爱惜羽毛，永远也学不会游水。你替他爱惜羽毛，因为你在爱惜他。

她说，没有，我是见不得人蠢。

我说，我现在心情也一样。

她说，张岸在等你呢，去看你的电影吧。

我说，一块儿去吧，票还没买呢。

她说，少担心我，我愿意的话分分钟就有十个人来陪我。

之五 ……………

张岸说，小钟不是不明白自己的心事，是不好意思承认。她喜欢又高又帅声音像童自荣的人，老苏白皙微胖，周身散发着乡愿气息，还有绵软的陕北方音，不爱运动，坐在网球场里摇着折扇听门德尔松，跟她不像一国的呀。再者，老苏也一直爱慕年轻艳丽的女孩子，看不出来对小钟有什么特殊情感。

我说，人的审美是会升级的吧，也许听听门德尔松就会听评书了。

他揽着我说，你知道我小时候的偶像是谁吗？

我说，倪萍阿姨？

他摇摇头说，《天使在人间》里的艾玛纽·贝阿。后来我明白了，天上面的只能仰望，手边触得到的，才是温暖的美。希望他们很快明白这个道理。

电话响了，张岸去接，说钟婳婳口口声声说出大事了。

我说，什么大事？难道她跟苏子富表白了？

钟婳婳说，出大事了，快上网，你看论坛上是不是周杰满发的帖子？

钟婳婳说的是一个失婚妇女们倾诉心声的园地，主题词就是恶婆婆、小三以及各色极品前任。我们的师兄老周在上面如泣如诉地描绘了他的婚姻生活，把他太太小左写成一个控制欲极强、冷静而利欲熏心的女人。跟帖的人在下面吵成一片，有主张立刻分手的，有主张搁置争议的。她说，你看看，你确定他说的是我们认识的小左姐吗？

小左外形温婉，语声轻柔，朱唇未启笑先闻，公认必将是贤妻一名。那时周杰满还在读学位，能力有限，他们的婚礼是小左家操办的。小左望着她丈夫的样子，那种幸福和陶醉，我现在还记得。

我说，张岸，你知道吗，那时候小左让他每天列出一条她的优点，到一百天的时候，答应他的求婚。

张岸说，结果到第九十九天的时候，他吐了。

我说，别闹，后来他把那些甜蜜字条拼成了大大的皇冠，裱好挂在家里的墙上，说贤德的妻子是丈夫头上的冠冕。

张岸说，可是看起来，王子和拥有一百个优点的公主结婚以后，生活不像童话里那么美好啊。

年前我曾经在地铁上遇到小左姐，她带孩子去看病，问起我的感情生活，我说有了稳定的男友，也许会结婚，期望能和他们一样幸福。她说他们能和平共处是因为她已经放弃探索他的世界了，她让他自治，所以才能共存。

她那天好像感触很多，说现在她的口头禅就是“你在想什么”，周杰满的答复永远是“没什么”。她看看我说，你们刚认识，你要有我这种体会，也许五六年之后吧。

我后来也和钟婳婳讲起过，我们俩都以为是偶发的倦怠，生活渐渐日常化，激情消退，浪漫的一方难免失落。没想到，在老周笔下，他们的婚姻早已经险象环生。

钟婳婳说，黄伊仟，我决定找老周谈谈。周杰满既然能把这件事放到公众平台上讨论，应该不会拒绝和我聊聊吧。

她说，你要不要一起去？

我想了想还是说，不要了，毕业后我见老周的次数五根手指头都数得完。

张岸说，你这个老友可真是热心肠。

我说，对，她是属樊梨花的，阵阵落不下她。

钟婳婳紧急约见老周，倾谈三个小时。

她跟我说，老周的状态真糟糕，大把大把掉头发。听说小左已经把孩子送回姥姥家不让他见，好像也已经转移了家庭存款，反正他也搞不清自己家有多少钱。自从他留下离婚协议书离家出走，小左就对外作出一副王宝钏的坚贞姿态。有人询问就掩泪装欢说“我们没事啊”。老周最近科研不顺利，压力大，他说小左很会调动舆情，大家现在看他都像在看神经病。昨天门卫都问他抑郁症好点儿了吗，看你吃烧饼的样子挺开心的。

我说，他为什么不愿意回家？除了那些婆媳矛盾啊，经济纠纷啊，好像两个人之间没什么问题啊。

钟婳婳说，老周说，小左每天都在说买房、移民、带儿子去迪士尼，他就说小左，你没有寸土立锥、没有片瓦遮头吗？你要去迪士尼什么时候都可以啊，香港、东京，只要没有十级以上地震，迪士尼一直都在，今年去不了你明年也可以去啊。小左就会哀怨地望着他说，明年谁知道你妈会不会生病你叔叔会不会动手术，然后就是，你答应我的食言了没关系，你答应我儿子的居然也没有一件做得到。老周说小左每天都会说想当初你要是肯听我的买了那个学区房，想当初你要是肯听我的买了那个科技股，想当初你要是听我的买了那辆休旅车……他说每天如此，固定的句式、固定的语气，透着心酸、含着悲苦、沁着失落。在梦里小左都在说，想当初，你要是听我的……

钟婳婳说，老周也对小左说过，说你不满意我的决定，当时就应该讲出来。小左说我没有啊，我有不尊重你吗，每一次我都让你选啊。车型、户型、抽油烟机的牌子，哪一样不是你敲定的？这个笨重的书架、这个劣质的花瓶、这个开裂的地板砖，包括这个颜色可笑的喷壶，哪一样不是你的心头好，你还说我不够尊重你吗？老周说小左就那样，慢悠悠、声调不高也不低、表情不愠也不喜的，说你在想什么呢？老周每次都说没什么，终于有一天他说我想离婚。

钟婳婳说，我决定去和小左谈谈，我愿意成为他们沟通的桥梁。

钟婳婳眼神飘忽地说，你知不知道，上大学的时候，我有一阵暗恋老周，直到小左姐去实验室送饭，他们俩成了一对儿，我才断了这个念头。

我说，我知道啊，你暗恋史上第十七桩事件。小心不要引火上身，他还不是单身。

钟婳婳说，咳，你过虑了。我是看他意气消沉心里难受。

转天，钟婳婳兴冲冲地说，小左说她明白了。

从此，她常常埋头噼噼啪啪地打字，转各种心灵鸡汤、名言警句。她振奋地说，我觉得小左已经想通了。

我说，你倒不必期待胡椒变甜，甘草变苦。什么叫江山易改本性难移。

之七 ……………

钟婳婳辛苦斡旋，老周和小左还是离婚收场。我们正在吃饭，安慰又失恋的苏子富。老周来找钟婳婳说，小左提议吃最后一餐饭，在餐桌上，她举杯说祭奠我那随风消散的良知，不过她决定宽恕我。

他拉着钟婳婳的手说，她凭什么宽恕我？

钟婳婳拍着他的手背说，一切都结束了，你要操心的是你的未来。

她说，苏子富，你的朋友不是有空房要出租吗，你帮老周接洽一下。

苏子富口里答应，眼睛一直盯着两个人交握的手，很委屈地看着说，我心里也难受，我也需要安慰啊。

钟婳婳白他一眼说，人家是第一次离婚，你呢，你第八次分手了你。

小左要做摩登女性和前夫友好相处，每半个月一起吃一次饭，每次吃完饭老周都怨气冲天。

某天老周来我们家，说找不到钟婳婳，有急事要商量。扭捏了一下，他说小左怀疑他们离婚是另有隐情，现在她认定罪魁是钟婳婳。她翻查他的聊天记录和邮件，发现出现最多的是Ada钟。她拿着钟婳婳的照片给老周的房东看了，确定房子是钟婳婳帮着老周租的。

老周说，她找我吵架，我一怒之下就说我是在和小钟恋爱，看你能怎么样。看报纸上那些社会新闻血淋淋的，我想想不妥，还是要告诉小钟，要她小心。

还是苏子富细心，说钟婳婳可能去瑜伽馆了。她看见我们还傻乐呢，说准备拉小左来锻炼，身体舒展了心灵自然不拧巴了。

我跟她讲了老周的忠告，她说，小左的逻辑不会这么差，你想想，我撺掇他们离婚然后鼓励她自新，我到底看中他们俩谁呀？

我说，有这可能啊，这说明你是一个控制欲强的小三，不仅抢别人的老公，还要改造别人的性格。

苏子富说，种兰因得善果，君子不立危墙之下，几风流几折堕。

钟婳婳戳戳我说，这个人怎么语无伦次的，又被哪个女人伤害了？

她说，人言滔滔，我心昭昭，我对老周没有半点私心杂念，老周被我的高洁人品震慑，谅他也不敢有什么非分之想。一男一女嘀嘀咕咕就一定有事啊，苏子富你说说，我跟你凑一块儿这么多年了，难道我们也有不可告人的目的？老苏你说呀，庸俗！

苏子富垂着头，闷声不响。

我说，好吧，我们会反省一下。

之八 ……………

接下来的一周没什么事，钟婳婳说，早说你们多虑。苏子富你明天不用送我上班了。

刚走进大堂，小左就迎了上来，直勾勾地盯着她，忽然扑通跪下来，说，同学一场，你放过我先生吧。然后，一滴眼泪开始有节制地匀速滑落。

钟婳婳拉她她不动，只是非常冷静地说，你有大好前途，为什么痴迷一个没有作为的男人？

场面异常狗血，苏子富忽然闪出来说，我是没什么作为，不过有两口油井、三辆车、一些存款和一颗真心，作为老同学，你担心婳婳的心情我能理解。姐，你起来，其实你和老周离婚了，他的感情生活跟你无关了，但是你要是疑惑的话，我跟你解释一下，由头到尾，他跟我们婳婳没任何关系。老周净身出户我就请同事租了间房给他，让婳婳给他买点儿生活用品，让她有空也劝劝你。你们之间一定是有问题才会分手，但是问题跟我们外人真没关系。我约了婳婳去买戒指，我们先走了。

我问她，后来呢？

钟婳婳说，我就问他，你真要我帮你去买戒指吗？给哪个女朋友啊？唉，你怎么不说话，你生的哪门子气啊？苏子富就说，你别吵，我在积蓄勇气。你愿意做我的女朋友吗？

钟婳婳说，我回答说，不愿意，最近汽油涨价，我怕你以为我看上你的钱。我做你女朋友，你能把钱都存到我们银行吗？苏子富就说，我愿意。

钟婳婳“扑哧”笑了一声，说，我们家老苏说了，婳婳就像牡丹花，有老婆相，翻译过来就是五官瑞丽、宝相端严。

我说，好吧，那以前那些杨柳细腰锥子脸呢？

她说，路柳墙花，俱往矣，数风流人物，还看今朝。

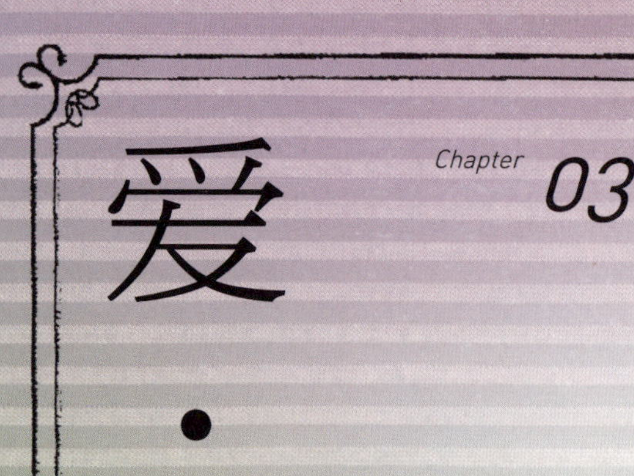

Chapter 03

爱·执子之手

第一次你牵起我的手，

我就知道我不会再迷路。

谢谢你，

爱我，像左手，爱慕它对面的右手。

谢谢你，

山长水远，陪我走到最后。

谢谢你陪我来到这里

by

桑格格

Valentines will never meet finally, as they have been living together already.

你跟佛祖求啥呢？

我求你长得又白又胖……

佛祖，你可别听他的。

节选改编自桑格格自传小说《九色鹿》。

时光倒回到这个世界上还没有儿色鹿的那天早上——我拖着箱子走进朋友的家，要在她家借住。朋友说：“我这里还有一个朋友借住，是个男生，你别拘束哈。”

我果真不拘束，看着那个男生说：“咦，你怪帅的嘛！你叫什么名字？”男生脸一红，对我点点头，没有说话，端个杯子就去洗手间刷牙了。我追去洗手间，站在他背后：“你叫啥子名字嘛？”男生一口的泡沫：“呜……呜呜……”“啊，连刷牙都这么帅啊。”男生被我追问急了，又说不成话，冲回客厅抓起一本书就扔给我，指指上面的一篇文章，又指指自己。“啊？！你写的？”他点点头。我定睛一看，是一篇书评，题目叫“××乌托邦”。“啊！”我脱口而出，“你好有才华啊！”然后就坐在客厅看起来。男生刷牙的背影颤抖了一下，他刷了很久，估计是不敢再轻易回到客厅了。

无奈客厅乃必经之地。他斜欠着身体挪回客厅，企图悄无声息地潜回自己的房间。我猛抬头：“你好有才华啊！”他头部开始冒汗，像耗子一样射进自己的房间，瞬间披上了件外套，笑容可掬地对我摆摆手：“我要出门了，幸会，后会有期哈。”

这个男生根本不知道他对面的这位女生叫作桑格格，一个坚定的人生观以及世界观的拥有者。并且，桑格格的人生观以及世界观的核心思想就是：帅哥是个好东西。我用热烈的眼神看着他：“你去哪儿？”即将出门的男生显然放松了警惕：“哦，我去故宫拍中轴线。”

我故作惊讶：“啊，这么巧，我正好也要去！”

当时，网络用语还没有这么泛滥，要不然“我倒”“我晕”“我汗”或“瀑布汗”都能极其传神地形容这位男生当时的心情。这一天显然不在他的计划之内，但我相信这一天会在他漫漫的人生旅途中留下浓墨重彩的一笔。无论他说什么，都有一个酷似动画片《花仙子》中娜娜小姐的超级女声以高分贝的声线配合他："哦！是吗？！咦……嘻嘻嘻嘻……"又或者，《茜茜公主》中茜茜与弗兰茨国王在林间相约的腔调："我最爱吃的是苹果饼——""啊！太巧了！我也是！""我最喜欢的花是红玫瑰——""啊！太巧了！我也是……"

在恢宏璀璨的古代宫墙下，这位男生越来越沉默，越来越伤感。夕阳斜照在他英俊的面孔上，目光清愁如织。多么悦目的画面啊！我游兴不减，轻轻对他吟道："往事莫沉吟，唯有少年心。"他猛然皱起剑眉，闭上星眸。看，被我典雅的句子打动了不是？哦，他只是想起了此行的目的——拍中轴线。他努力集中精神，架起脚架、支起相机、对焦、测光……最后在中轴线的尽头，发现一坨蠕动的东西在对他招手。啊，如果有一朵浪花对你微笑，那就是我，嗷……那就是我！"来，给我闪一张！"

在痛苦与崩溃的边缘，他按下了快门，让我们的第一次见面成了有据可寻的记忆。不管怎样，这位男生被迫与我认识了，并且劫后余生地活到了现在。他不告诉我名字也没有关系，我给他取了一个，叫作九色鹿。

之一 ……………

他为什么叫作九色鹿呢？如果你看过《小时候》，那里面有个黑社会，可以叫黑马；还有一个穿白礼服的音乐家，可以叫白马……他呢，内容丰富，五光十色，介于动物和神之间——累起来像条狗，睡着了像个神。他总是睁着慈祥的眼睛，湿漉漉地俯瞰大地：那是一双鹿的眼睛嘞。

最开始认识九色鹿的时候，我还不知道什么是“乌托邦”，而且就这区区三个字还看错了一个，以为是个鸟笼子。接着，当“利比多”这个词出现在他嘴中时，我理所当然地认为那是一个奶粉牌子。只有他提到“性价比”的时候，我二麻二麻地问：“是不是价廉物美的意思？”他点点头。

九色鹿在人间也是有工作的：他是一枚大学教师。一般说来，嫁给面包师的女人有吃不完的面包，嫁给珠宝商的女人有戴不完的首饰。那么，作为一个嫁给教师的女人，我能得到些什么呢？

九色鹿说：“你有上不完的课啊！”

最初，我曾尝试着去九色鹿任教的大学听他的讲座，但几次都忍不住在课堂上昏睡了过去，而且据他的描绘：他在遥远的讲台上都能看到我趴在桌子上流出的口水。他痛定思痛，决定对我这个特殊对象的教学，以“课外辅导”为主。

吃饭时，他给我上数学课。他在菜盘上比画了两下，考我：“2除以0等于多少？”我很恼火地回答：“等于2。”他笑得饭都喷了出来：“哈哈，0不能被除！这道题是不可能的！”我完全冒火了，直接一个叉子飞了过去。

和他去野外郊游，他就给我普及生物知识，讲什么是生物多样性：“你看哈，比如我是一只蜜蜂，而你是一只苍蝇，我们呢进行杂交，生出来一个新的物种……”我打断他：“对不起，凭什么你是蜜蜂而我是苍蝇？！”他毫不介意，挥挥手：“好好好，我是苍蝇，你是蜜蜂，我们呢进行杂交……”

在广州，我说我怕冷不想起床，九色鹿就在床边给我讲了高尔察克将军当年逃亡贝加尔湖时二十多万人如何被冻死的故事，中心思想就是：和西伯利亚的严寒比起来，广州的这点儿冷算个毛啊。我辩解说广州的冷是湿冷，不一样。九色鹿话锋一转，开始给我回顾广州往事，说土改的时候斗地主，有一群广东的地主带着粮食躲在山洞里，躲了一个冬天……“好吧好吧，我起床！那他们在山洞里待着岂不是很无聊？”他白了我一眼：“没准儿他们带了扑克，在山洞里打斗地主呢。”

九色鹿让我背“经互会”成员国，我背到一个地方卡壳了，他慈祥地提醒我：“小鼹鼠是哪个国家的啊？”我立即答出来：“捷克斯洛伐克！”他满意地点点头：“对了！”然后作为画龙点睛的一笔，他告诉惜财如命的我，经互会的阿尔巴尼亚欠了我们很多钱而且不打算还。我心碎了。

随着了解的深入，九色鹿觉得我天文方面的知识已经少到让他羞愧了：“你知道月亮是什么星么？”我摇摇头。他又问：“你知道月亮和地球的相对运动轨迹么？”我再次摇摇头。由于他已经了解了让我恼羞成怒是什么后果，于是就偶尔展现一下浪漫：“那你知道如果没有了月亮，地球会怎么样么？”我这次点了点头：“地球会失恋。”九色鹿满意地点点头：“月亮原来是地球的一部分，后来分了出去，所以永远是同一个面对着地球。忠贞不渝吧？”

这是真的么？！我一下子对天文学产生了浓厚的兴趣。很快，我就开始攻读一套巨著：《十万个为什么》，受益匪浅。我甚至从此开始钻研起艰深的科幻文学，不可自拔，满脑子都是宇宙的景象——

我：“宇宙中真有外星人吗？”

九：“宇宙之大，无奇不有。”

我：“如果我被外星人掳走了你怎么办？”

九：“等你回来。”

我：“我要是回不来呢？”

九：“会回来的，不过那时我可能已经老了，你还年轻。天上一天，地上一年。”

我：“那你看见我回来会怎么样？”

九：“我会深情地告诉你，祖国统一了。”

之二 ……………

我说：“有蚊子！”

九色鹿头也不抬地说：“不怕，蚊子很可爱。”

我说：“有蟑螂！”

九色鹿头也不抬地说：“不怕，蟑螂很干净。”

我说：“有老鼠！”

九色鹿头也不抬地说：“不怕，老鼠是我们的好朋友。”

他说到做到。昨晚有只蚊子嗡嗡地吵着我们睡不着，九色鹿的处理办法，是掀开毯子大方地献上他白花花的光膀子：“赶紧来吃我，吃饱了大家都好睡觉。”

随着我对天文学的钻研日益精进，我了解到九色鹿根本不是人类。他来自某个河外星系，人类能做的很多事情他都不擅长，而且一点儿没有能学会的迹象；但他会的事情，也超乎正常人类的能力，比如一些超越性的学术理念什么的。他下凡的时候迷路了，碰巧遇见我出门倒渣渣，就认识了。面子上看我是他的女友，里子里则是他在人间的翻译，尤其在他和人类打交道的时候。一次在酒局上，主人很客气地问九色鹿："小九应该能喝两杯吧？"他点头："我都不知道自己能喝多少，喝饱过没喝醉过。"我在桌子下面狂踢他的脚，他很吃惊："你干吗踢我？！我说的是实话啊！"

第二天早上，九色鹿一如既往地准备着饭来张口："我饿了！"我忍不住呛他："据说你以前不食人间烟火，是么？""我饿了！我要吃早饭！"九色鹿大声疾呼。我顺手抓了一块高原牦牛肉干扔了过去。半晌，九色鹿把吃了一半的牛肉干甩回给我。我问："咋不吃了咧？"他说："太没效率了，嚼半天都吃不饱。"然后，我们在书房各玩各的电脑，谁也不多走一步。别说吃的，水都没人去倒，看谁熬得久。

过了一会儿，九色鹿正色道："难道你忘了抚养我的责任了么？"我头都没回，就当没听见。再过了一会儿，突然听见九色鹿"哇"一声："八婆啊，求你了，赐予我食物吧！我会记住你的大恩大德的！"

看他服了软，我也心一软，迅速从厨房变出一顿早餐。我们一边看着电视一边吃着，突然九色鹿发出呜呜呜的声音，然后从涨鼓鼓的油嘴里抽出一条钢丝球的碎渣渣，愤怒地对着厨师桑八婆抗议："这就是传说中的人间烟火吗？！"我故作镇定地仔细查看了这个碎钢渣，果断地对他说："实在对不起，今天您的饭钱免单！"

不管怎样，这个碎渣渣让我很解气。九色鹿没心没肺的也不记仇，吃饱了就心情大好，马上给我出了一道数学题："小红买了两斤瘦肉，炒菜用掉半斤，还剩几斤？"我尝试着回答："……一斤半？"他故作惊喜地瞪大眼睛："你答对了！你看八婆，你数学潜质大大的好啊！不要没有信心！”我悲欣交集，眼眶一热：“你你你，晚上想吃什么？我马上去买菜……”

和九色鹿勾肩搭背地走在去菜市场的路上——

九：“我们生活在希望的田野上么？”

我：“生活在！”

九：“有盼头么?”

我：“有！”

之三 ……………

九色鹿洗完澡在浴室呼叫：“八婆！给我衣服！”我严肃地双手环抱，说：“九色鹿同志，我抱歉地通知您，您没有衣服了。”

九色鹿浑身上下都是宝啊：脚上是一双穿了八年的凉鞋（某国际知名运动品牌，却怎么看都像是红军长征时用过的草鞋）；裤子千疮百孔，而且已经看不出原来的颜色（其实这条裤子买了不过三年，只是穿着率太高了）；衣服是还能看出点颜色的棉T恤（据说他在九年前的一天，撞见过这个牌子打折）；表也戴了近十年了（还很准，就是表带有点儿臭了）……一句话：在他身上，可以看见地老天荒、沧海桑田。

我说：“您没有衣服了。”九色鹿是一个很能接受现实的人，善于灵活处理一切突发事件。他哆嗦着裹着浴巾出来，钻进被窝说：“八婆，你赶紧去帮我洗几件衣服，然后用风筒吹干，下午我还要出去见人。”

下午临出门了，九色鹿赤条条地溜出来找刚洗好的衣服，被我当头棒喝：“咳！小篆在呢！人家是小姑娘，你怎么能不穿衣服就出来呢？！”他看了看小篆，委屈地说：“人家还不是没穿衣服！”

小篆是我们家的爱猫，美短、女生，正值青春，这段时间天天发情，不停地嗷嗷叫。九色鹿迅速穿好衣服收拾好东西准备出门，临走前抱起小篆，苦口婆心地说：“小篆啊，不能玩物丧志啊！你应该有远大的理想。”

九色鹿那苦行僧和清教徒式的无产阶级心灵把我严重得罪了。对待生活用品，他的原则基本可以归结为：物尽其用，死而后已。这对于视购物为阳光、空气和水一般自然且不可或缺的我，无异于一种伤害。为了讨好我，晚上他邀请我和他一起看外国动画片《魔术师》，里面的魔术师给一个在爱丁堡的流浪小女孩儿买了一条很美丽的裙子。他问：“喜欢这裙子吗？”我点头：“喜欢！”他又问：“那我带你去爱丁堡的这条街，按照这条裙子的式样给你买十条好么？”我摇头：“那还不如淘宝。”

点开网上旗袍店，指着其中一件问九色鹿：“好看么？”他点点头：“好看。”我大喜，难得他开金口吐象牙！“但你穿不好看。”他冷不丁补上一句，“你要记住，你腿短，不要轻易自曝其短。”

我穿上刚寄到的花裙子，战战兢兢地走到九色鹿面前：“你觉得……如何？”他的瞳孔不易察觉地微微颤动了一下，显然是因为受到了惊吓而快速内缩：“嗯……你还是去问问镜子吧。”当我行尸走肉地来到镜子前的时候，我觉得吧哈——“哗啦”一声，那面镜子和我的信心一起崩溃了。

不过在朋友的批评帮助下，九色鹿认识到，一直挑剔我的品位不让我给他买衣服，是很伤害双方感情的。他一口气怂恿我在淘宝上给他买了三四条裤子、五六件上衣。寄到之后，他一样一样试穿，久久地盯着镜子中的自己，由衷地感叹："不管这衣服多么过气，人都是那么仪表堂堂！"

九色鹿虽然毒舌，但有时候我还是忍不住要挑战他——

我问九色鹿："你觉得我的衣着品位好不好？"

他一边看书一边含糊其辞："嗯，耐人寻味……"

我继续追问："到底好不好嘛？"

他继续含糊："不同凡响……"

眼看我还要追问下去，他一脸正色道："你再问，我就要说实话啦！"

眼看九色鹿要说实话，我也正色道："你敢！"

之四 ……………

九色鹿对我大手一挥："走，陪我上床！给你讲讲国际大事！"

躺在床上，九色鹿严肃地说："最近我想清了一个问题。"我说："什么问题？"他说："决定文明形态的根本原因还是地理区位。你看看非洲、欧洲、美洲，还有我们亚洲。"他用手指在空中比画出世界地图的样子，企图进一步说明。我做了一个打断的手势："最近我也想清了一个问题。"他问："什么问题？"我说："洗手池老堵，根本原因就是我把茶渣倒进去了。"

话不投机，我很快就犯困了。我睡觉特别怕光，迷迷糊糊中对九色鹿说："把灯关了……"他说："关不了，那是月亮。"过了一会儿，九色鹿在月光中出声了："你知道嫦娥火箭发射成功了么？"我："嗯……"他指指窗外的月亮："看，仔细看，你会看到月球表面有一个小小的、移动的亮点，那就是嫦娥火箭……""真的吗……"我从床上挣扎着爬起来，使劲揉着眼睛盯着窗外的月亮，仔细地看，看了又看："……好像是哦……有个亮点哦……"等我回头看九色鹿，他已经立在卧室门口，双手交叉抱在胸前笑得喘不过气："你还真以为能看到……你为什么连这种鬼话都会信呢？哈哈哈哈……"我顺手捡起床下的拖鞋就扔了过去，"啪——"命中他前胸，然后拍了拍手回答："因为我也会发射。"

这回九色鹿识趣了，不敢再碰我一下，老老实实地顺着床沿睡去了。半夜我一翻身，差点儿把九色鹿从床上挤下去，他睡眼惺忪地批评了我："没有大局观。"转身又睡着了。

基本上，我和九色鹿在一起只有两个频道：他主持的"人类大事"频道和我主持的"综艺八卦"频道。尽管我们的趣味很难调和，但作为绑在一个屋檐下的同事，我们不得不时常去对方频道串串场，因而也难免遭到对方的戏弄和羞辱。但久而久之，我们也学会了在客场反客为主，这让我们的日子越来越像一种叫作"鸳鸯"的南方饮料——一种茶和咖啡的古怪混合物。

我对西瓜说："我才气过人。"她看着我，不知说什么好。

我顿了顿，继续说："刚才我气了九色鹿，把他气坏了。

"我问九色鹿：'我们是有个二炮是么？那有一炮么？'

"九色鹿说：'没有，只有二炮，这是一个代号。'

"我继续问：'那有三炮么？'

"九说：'没有，只有一个二炮。'

“我问：‘那有四炮么？’

“九说：‘只有二炮。’

“我问：‘那有五炮么？’

“九说：‘只有二炮。’

“我问：‘那有……’

“九说：‘只有二炮！’

“——哎哟喂，九色鹿会生气！”

之五 ……………

一年之计在于春，我们家也要开个小家庭会议。我拿着小本子摊开在九色鹿面前，严肃地说：“你先讲，同志。”九色鹿说：“我家的财务原则是‘我赚钱，你花钱’。”我“啪”一声合上小本子，严肃地点点头：“我同意，散会。”

夜里，我梦见九色鹿浑身闪光地出现在我面前，四周簇拥着侍女，香气扑鼻地对我说：“爱卿，我一直在民间微服私访，在与你共同生活的这些年中，你已经通过了我对你的测试，你果真是真心爱我，不是贪图其他……现在，同朕回宫安享荣华富贵去吧！”然后，我们就高高兴兴地回家嘞！

我把这个梦一五一十地说给九色鹿听，他听得眉开眼笑。从此以后，他除了招呼我“八婆”之外又多了一个尊号——“国母”。早上起床，他会在洗手间外敲门：“嗨，国母，你在大便么？”然后兴冲冲地告诉我，“我也做了一个梦，梦见范冰冰调戏我！”我“哦”了一声：“你啥态度呢？”他：“我拒绝了。”我：“咋拒绝的？”他：“我说不方便，让她明天再来。”没等我发作，九色鹿马上替自己开脱道：“像我这样一个帝王型的老公，你还有啥不满足的？”稍后，他又补上一句："我还不纳妾。"

大概是觉得做皇帝的开支有点儿高，九色鹿开始他习惯性的逻辑推导："不如你去找个小三？"他幻想着，"这样他负责你的线上开支，我负责你的线下开支？"他继续喃喃自语："顺便也要给我买点儿哦。"最后，他大手一挥："就这么定了！记住，随便你和哪个哪个，都要维持和淘宝一样的原则——注意品位！然后差不多了，回来找我。"

小三成了我们家这一时期的主题。这一时期，我正好迷上了央视《百家讲坛》的袁腾飞，每天守在电视机前等着他出来。九色鹿就不亦乐乎地在网上帮我查找小袁的各种视频，找到了就招呼我："来，国母，快来看你最爱的男人！"我就欢呼一声："来——啦！"又有一次，九色鹿看完新版电视剧《三国》后，躲在角落里为诸葛亮大哭了一场。他涕泗交加地说："唉！这是个多么完美而悲情的人物啊！我在他身上看见了自己的影子！"然后，他老泪纵横地转过脸来，"你要找的就该是这样的男人！"

几天后，九色鹿和他相中的潜力"小三"、书法家少白打赌，说只要少白每教会我写好五个毛笔字，他就干一瓶绍兴黄酒。少白语重心长地对我说："你要加油啊，我对你寄予厚望啊！"九色鹿在一旁也频频点头："是啊是啊，我对你也是寄予厚望啊！"我白了他们一眼："那是你们的事儿，谁同意你们随便对别人寄予厚望了。"

这天晚上我做了一个梦，梦见我在网上交了一个神秘网友，我对他诉说内心所有的苦闷，他特别耐心、特别会劝解人，我们聊起来没个完，天南海北、古今中外、考古盗墓……

终于有一天我问起他究竟叫什么名字，网络那边的他愣了愣，打了三个字：九色鹿。

九色鹿进门就脱衣服，我说：“开了空调要感冒！把衣服穿上，不穿就分手！”

等九色鹿一起出去吃饭，等了十分钟他还没磨蹭完，我说：“一分钟，再不走就分手！”

他在厕所里大条，我也要，就在门外叫嚣：“出来！不出来就分手！”

岁月如梭，我和九色鹿的生活开始出现了分歧：他非要用我的茶则在洗手间掏耳朵，用我的眉夹在厨房拔猪毛。值不值得分手？！

不只如此，如果有一天我和九色鹿分手，还可能是两个原因：第一，我刷完牙不盖牙膏盖；第二，我上完厕所不关灯。但更要命的是，他像唐僧那样因为我不盖牙膏盖和不关厕所灯而对我啰唆。为了抵制他的啰唆，我尽量减少说话。他问我开心不开心，我说“开”；他问我要喝果汁还是咖啡，我说“咖”；他问我为这样的对话感觉到抓狂么，我说“抓”；他说要不要就最近我犯的一些错误来次讨论和总结，我说“滚”！

我和九色鹿之间似乎越来越只剩下亲情。有一阵他看电视剧《水浒传》看得投入，一转眼见我经过，就目光闪烁地拉住我：“我们结拜为兄弟呗！”又过了两天，我正在扫地，九色鹿大概是看到另一集了，猛然对我来了句情话：“谁要是杀了你我就去取了他的首级！”

我们好像也越来越不需要所谓的浪漫。上了一天网，我对九色鹿说：“那个啥，我先睡去了哈。”他“嘿”一声：“睡觉前要干啥？”我“哦”了一声：“亲老公一口！”他摇摇头：“不是啦，是电脑要关机！”又有一次，早上起来收淘宝快递，每一样东西都满意，得意得我直冒鼻涕泡！然后一条裙子又一条裙子地试给九色鹿看。他说：“收了快递之后要干啥呀？”我谄媚地说：“感谢老公！”他说：“不是啦，是要把包装袋扔掉！”

在松子吃自助餐，我勤劳勇敢地拿了好几大盘摆在桌子上，兴冲冲地对九色鹿说：“快吃吧亲爱哒！”九色鹿眼中泛着一种正常人类不大有的怜悯和自责说：“八婆，我吃两口就得去开个国际大会，你自己慢慢吃哈！”……我已经接受了九色鹿健在人世的时候就成为全人类的物质文化遗产。他不属于我，他属于高屋建瓴的上层建筑，这种重要性甚至可以忽略自助餐必须吃回本的这种大事。我手一挥：“滚！”

我是愤怒的，但更令我愤怒的是在和九色鹿发生争执时，他那毫无危机意识的表白：“像我们这样天造地设的一对，是不可能分手的……”无疑，他已将他个人的过度自信推广到了我们的两人世界，“我们的关系是颠扑不破的。”然后，他语重心长地看着我，“人生苦短，若还要因为一些毫无创造性的破事把自己搞得心力交瘁，就是可耻的。”那一瞬间，他那立足于道德制高点上的气势把我镇住了，我虚心地“嗯”了一声。最后，对于我们发生的争执，他总结道：“对于我们的生活，要搁置争议，共同开发。”

搁置争议的几个月后，九色鹿问我：“我们是不是好久没吵架了？距上次吵架都好几个月了哈。”我一边熨衬衣一边回答：“是啊，你想吵一架么？”他大摇其头：“不不不，我是和平崛起的坚定践行者！”我将熨好的衣服放进衣柜，随手关了柜门，九色鹿居然在后面鼓起了掌！我问他为什么，他热泪盈眶：“你居然学会了关柜门！我居然能活着看见你关柜门！”说罢又鼓了起来。咝——我吸气，觉得悲愤莫名又不知道说啥好，走了。

半晌，我杀回来，当着他的面把柜门打开，然后狠狠地“哼”了一声，大摇大摆地扬长而去。

过几天就是我生日了，九色鹿明知故问："你好大了喃？"

我瞪了他一眼："三十一！"

他一脸幸灾乐祸："嗯，是有点儿上岁数了。"

眼见我正要发作，他又忙不迭地："看来咱们离白头偕老又近了一步！"

说着他用手抚着我的头发，看着好些还真白了，叹道："八婆，你怎么这么小就老了？"

我梦见自己喜欢一个男娃娃，可是他突然就不理我了。醒来后我就哭啊哭啊，一想起来就要哭。九色鹿搂住我，抚着我的头发说："傻瓜，这叫失恋，你老公以前也失过。没事的，过段时间就好了哈！"

不记得从什么时候开始，我变得越来越爱哭了。以前看奥运，运动员赢了我会哭，输了我也哭，镜头里有教练揪心我哭，教练和运动员拥抱我哭，奏《国歌》我哭……不过这次不一样，一连着下雨，我也会莫名其妙地哭，老想着梦里的那个男娃娃。九色鹿说："八婆，为了一个梦中小三你都能伤心成这样，要是我和你分手了，你岂不是要哭死啊？"我点点头："是的，不过你要是把房产都留给我，就好多了。"九色鹿为了安慰我，就把存折找出来给我看，然后放在我手心庄严许诺："都是你的。"这一招儿开始还有效，后来也无济于事了，我成了一个名副其实的"泪人"：想到我买了一张巨牛的床垫，我幸福地流泪了；我听到小篆发情孤独地号叫，我同情地流泪了；想到九色鹿把我每日淘宝限额上调到了一千大元，我感激地流泪了；想到我一会儿能和闺密喝茶，我期待地流泪了；想到昨天在东单买了奶油泡芙，完了，我的心彻底融化了，我去守着泡芙号啕大哭！

九色鹿又出国了，去的啥子别克斯坦。他那些年去的地方都有个特点，地名我都读不清楚。我开始莫名其妙地哭，每下愈况。夕阳西下的时候，我就一个人在家惶惶不可终日地边哭边转圈，体内像是住进了一个小魔鬼，它邪恶地威胁我要在深夜把我大卸八块，令我夜不能寐。连续失眠了数日之后，我哭着去深圳找豆豆，在火车上一边哭一边在手机上玩杀西瓜，身边的座位上不到一个小时换了三个人，都是被我哭跑的。最后一位是个斯文的中年男士，他终于忍不住用港腔普通话问我："小姐，咩游戏可以让人玩得这么伤感哇？"

从深圳回到北京，朋友们轮流照顾我。要么是哥们儿带着电脑在客厅熬通宵以防我噩梦，要么是姐们儿像养着小仓鼠那样收留我，给我坝窝，供我饮用水和食物。那时九色鹿还在飞越七大洲八大洋，一次在餐桌上，一个西班牙朋友问九色鹿："还有您没有去过的大洲么？"他侧头严肃地点头："当然！南极洲。"接着他又信心满满地说："不过我相信我很快就要去了。"等到九色鹿周游列国载誉归来时，我已经直挺挺地僵在床上，目光迷离、形容憔悴。九色鹿揽着我"嗷"的一声："八婆！你不要病啊！要知道我们国家的医疗改革还不是很成功啊！"

我终于被送去成都住院了，住在精神内科，九色鹿陪床，他在电话里安慰我的北京闺密们："咱家格格在精神病院里一看就和别的病人不同，显得真乖。"医院很快给出了诊断，原来我体内的这个小魔鬼，就是传说中的抑郁症。你说抑郁症现在会不会很错乱？它一定在疑惑它的这位主人是啥路数啊？我衷心地感谢它，并想和它分享一下心得：自从得了精神病，嘿，别说，整个人精神多了！

其实我是想说：抑郁并不能改变我乐观的精神，它只是让我变得更敏感。很多细微的东西在平时不留心是看不见的，但在黑暗中就能看见那些微光。住进医院后的第三天，隔壁病房的一个男娃娃突然发作打人，几个医生把他扑倒在地并用绳子捆上。我走上去抚摸他的头，很轻柔地摸。他本来在喊要打死某人，却一下子安静下来，用特别渴求的眼神看着我说："姐姐救我！"他被捆上推进病房时，一直喊着"姐姐别走"，我说"我在我在"，并俯在他耳边说了好多话，医生注射镇定针时他终于乖了很多。我唱了一首《摇篮曲》，他睡过去了。

神啊，你要帮帮你的孩子。

之八 ……………

病床边，九色鹿说打算给我买我最爱吃的阿凡提酥。我很感动，但我并不知道什么是阿凡提酥，更不知道自己曾经爱吃过。完了，难道我病糊涂了？失忆了？医生说过，抑郁症的并发症之一就是失忆。我试探地问九色鹿什么是阿凡提酥？九色鹿又比又画，欲言又止，一脸词不达意的痛苦。就在他气悬一脉的时刻，我突然想起了什么："是不是提拉米苏？"九色鹿如释重负，激动得一哆嗦："对对对对对！是提拉米苏！"

九色鹿最大的问题就是没有问题——他从来就没病过，不知道生病的滋味，因而也不知道怎么照顾病人。夜里，他守着严重失眠的我，看着我吃了平时四倍剂量的安眠药等着药效发作，急得手足无措，只能双手合十念念有词，拼命祈祷我快点儿好起来。他是这样祈祷的："保佑保佑！热烈保佑！"

安眠药终于起作用了。我梦见自己流落到一个小岛上，发现有家中国人开的铺子，前去投奔，没想到是家妓院。我被老鸨用鞭子抽着梳洗打扮，哆嗦惊恐地和众花姑娘在店里站成一排迎客。前来一客，身穿阔绰，长衫大氅，羊毫毡帽，径直走到我面前："这妞儿我要

 了！多少钱？赎走！”我抬头一看，啊，是老展。

醒来时，老展居然真的站在床前：“你他妈怎么住院啦？是不是胸部变A了？！”在九色鹿自己力不能及的时候，他往往就会想到他所谓的“第三者”，我这雌雄同体的闺密老展就是他在我昏睡之际搬来的救兵。另一个救兵是三姐。输液时，我的烟瘾犯了，而医院规定抽烟必须在厕所里。怎么办？三姐仗义，挺身而出：“莫得事，我给你举到！”于是，两个人在女厕所里，一只手在上面举着，一只手在下面垂着；一个点火，一个拿烟，共襄盛举。

病房里多了两位女侠，九色鹿轻松多了。在成都，一个房间里要凑齐了四个人，大家自然就会往麻将上想。正好住院也有自由活动时间，每天下午四点到晚八点，根据医院关于“精神病人尽量不要脱离正常生活、不要总提醒自己是个病人”的谆谆医嘱，我们决定在这个宝贵的放风时间出去打麻将。

老展看我打麻将，不解地问：“你为什么要连续打三个九筒？”我说：“我痛恨一切超过七的筒条万，看着就麻烦，数不过来。”九色鹿在旁边补充道：“格格的脑壳是个286，不能算超过七的算术，会死机。”我白了九色鹿一眼，向全场宣布：“老子是精神病人哈！情绪不稳定哈！整大了老子要咬人的哈！”老展见我气宇轩昂的架势，提议我去参加精神障碍内科病员合唱团，有助于稳定情绪。“算了嘛，我唱得那么好，人家本来好容易建立一点儿自信就被我摧毁了……”我一遍摸牌一边说，“而且我那么低调的一个人，真的不想很多年以后，精神内科还在颂扬着我的传奇……”

大家吐了，我和了，龙七对。这次放风很成功，最后大家把一个全须全尾、活蹦乱跳的我送回了医院，酣眠一夜。

连续打了两天麻将，都是我赢。我在病床上数着两天赢来的一百块钱，高兴极了，要九色鹿请女侠们再来输钱！九色鹿很严谨：“一次不能赢太多，要不就没人敢来了。”我猛点头：“对对对。”第三天继续打放风麻将时，九色鹿手气不好，他一边打一边安慰自己：“没有手气，有钱就行！”中场休息时九色鹿给大家买了外卖，老展客气地要付钱给他，九色鹿说：“揣着吧，一会儿桌上输给286就是了。”

目前看来，打麻将比看一本平庸的书带给我的领悟多多了。比如，我想，这张牌上一盘是多么想摸到啊，这一盘一摸到就得赶紧甩出去，真是人生无常；或者，如果不是那么保守，这次一定是清一色带钩，性格决定一切啊；甚至，我还会突然问牌友：“你是理想主义者么？二筒。”牌友不假思索地回答：“是。和了。”这些洞若观火的领悟令我变得比以前老成持重了许多，也令我在住院期间的表现受到了主治医生的表扬。

要出院了，老展和三姐认为有必要让我重新熟悉一下精神内科的病房和麻将馆外的真实世界，放风时间带我去锦里转了转。我转得失魂落魄的，最后我强烈要求回到了医院！现在只有在精神内科的病房我才有归宿感。我甚至想去宜家添置点儿家具摆在病房里，买只花瓶斜着插枝桃花才好呢。我很喜欢我的病床，小小巧巧，又可以升降，两侧还有可以收放的扶栏，吃饭、放电脑都很方便。但我让九色鹿问了一下价格，一万多！我立即打消了买一张回家的念头。

之九 ……………

再睁开眼时已经在北京的家里了，蒙蒙眬眬看见九色鹿东一下西一下地在房间里晃。我问：“你收拾行李呢？”他说：“不是，我收拾家呢，免得你一会儿起床看着乱糟糟的，心情不好。”

生病显然并不全然是坏事，至少九色鹿把出国的行程缩短了，更顾家了，而且针对尚未痊愈的桑格格，他发明了一种对症下药的治疗方式：他在家中四处藏钱，然后在临走之前告诉我每一处都是一千元的巨款，让我去找。我眼睛立刻就亮了，无光的双眼很多天没有那么有神过了！在接下来的一周内几乎天天都有惊喜：我拉开抽屉，啊，一千元！我觉得我的阴暗世界射进了一束阳光！我翻开枕头，啊，一千元！我觉得生活真是充满了花香！揭开地毯，一千元！我当时就吻了一下地板！我翻检旧书，中间夹着一千元！怪不得人说书中自有黄金屋呢！最后，我在自己的钱包里居然无端端地又发现一千元！

九色鹿从古巴来短：“嗯，我做了好事不留名怎么没人知道呢？”我屁颠屁颠地回复：“有人！”九回：“晚上能睡着了么？”我立即就躺在床上：“我现在就能睡着！”九回：“要睡子午觉：晚上熬夜不超过十一点，中午再睡个午觉。上士闻道，勤而行之；中士闻道，若存若亡。记住了么？”我回：“好的！记住了……”喵，啥意思啊？是说不好好睡觉就会死翘翘么？

九色鹿回来了，走了几天就像是走了很久一样询问所有人的状况：“八婆的心悸失眠好点儿了没有？豆豆的肝阳上亢好点儿了没有？老展的脾胃失和好点儿了没有……”问到娇娇，他说：“她心虚胆怯……最近怕鬼好点儿了没有？”最后，他捧着我家小篆的脸自言自语：“哎呀我的小可怜儿，欲火攻心、精神不守……还是给你找个男朋友吧！”

为了根治我的抑郁，九色鹿自学了中医。他学个东西吧特别认真，天天问我饮食如何、排便如何。有一阵我有点儿便秘，他就一天问几次，最后我终于通畅了，他很高兴：“拉出来的形状好么？”还没等我回答，他弓起背缩成一团，“是这样的呢？”然后又拉长身体呈直立状，“还是这样的？”有一天他居然还站在一坨牛粪面前沉思，得出结论：“消化和吸收出了问题，便溏。”

中午叫他起床，他嗔道：“别那么大声叫我，容易伤到神。”广场上，一只鸽子奓起毛去追另一只鸽子。我问九色鹿它怎么了，九色鹿说：“它是动了肝火。”超市门口，有只小奶狗在下楼梯，但看着台阶太高犹豫着不敢下。我和九色鹿路过，他瞟了一眼点评道：“肺气不足，缺乏魄力。”我告诉九色鹿，我偶尔想起梦里那个男娃娃还是会伤心。“国母啊，”他一脸帝王气象，“破事不过心。心乃君主之官，无赏心动心开心之事无须劳心，过劳则伤心。”

然后他看着我，换上一脸轻描淡写：“失恋不就是失神嘛，多集中精神读读经典，神就回来了，比如《黄帝内经》啥的。”

之十 ……………

九色鹿情意绵绵地说：“我好久都没有讨厌你了。”

我回答：“我也是。”

海珠区民政局婚姻登记处内，一个高个儿男敲敲玻璃门——门外有个短发女在抽烟。男的对女的招招手：“进来吧，轮到我们了。”女的豪爽地吐出最后一口烟，一脚踩灭了烟头，昂首挺胸就进去了。一会儿两人出来时，人手一个红本儿。女的看着本儿上的照片说：“这看上去不就哥儿俩吗？”男的说：“是啊，我们终于结拜为兄弟了。”

多年前曾有记者朋友采访九色鹿：“你会娶格格么？”九色鹿答：“以后的事儿以后再说吧。”现在这个记者朋友在得知我们结婚的消息后，专门打电话过来问九色鹿对我的感受，九色鹿深情地总结道：“敝帚自珍。”

我觉得结婚真幸福，除了九色鹿一半的财产都属于我这一令人愉悦的事实，还有各种意想不到的好处。我们回成都办酒席那天，飞机因天气原因延误了五个小时。九色鹿是某银行白金会员，可以获得理赔，在和客服小姐通电话索赔时，他意外得知：配偶居然也可以获得理赔。于是偏过头来得意地对我说：“看！和我结婚有好处吧！”我白眼一翻，指指手机：“人家客服小姐在听着呢！”九色鹿还是某航金卡会员，可以携一人进机场贵宾厅免费进餐，我跟着他在里面蹭吃蹭喝，屁滚尿流。吃到一半时我问：“那要是银卡会员呢？”他答：“那只能一个人进。”我“啊”一声：“那我就吃不了了！”他笑：“你吃，我在外面看。”

之十一 ……………

见我家亲戚，九色鹿在后面猛拽我衣角：“这个是谁？快说快说！”

我告诉他：“是王哥。”

他马上笑容满面地迎上去握手：“啊，王哥，好久不见，好久不见！”

一会儿又猛拽：“那个是谁？那个是谁？”

我说：“是大舅。”

他又笑容满面地伸手：“啊，大舅，你气色真好！”

在角落里，九色鹿在努力背诵：王哥是大姐的老公，辉辉是大姐的孩子，大舅是大姐的爸爸，刚刚是小舅的孩子，晶晶是辉辉的女朋友……“你家这人间烟火，好像完全没有规律可循啊！”他苦恼地抬起头，“还是你妈最好，就一个妈。”

然后跟着九色鹿回他老家。九色鹿家里还保持着二十世纪八九十年代的模样：木窗、胶地板、塑料花、唐三彩马、贴皮组合家具，说不出的亲切。九妈妈把九色鹿从小到大的学习笔记、作文、成绩单以及影集都翻出来给我看。机器人也有童年啊！那个还没被叫作九色鹿的少年，有没有必要每科都考第一啊！看他初一时的作文本，其中题目如下：《向宇宙进军》《没有惯性的世界》《教育：振兴中华的当务之急》《地球与人》……居然还有一篇《改革中的弊病——谈我见》！老师的批语写道："这位同学的视野宽广，关注问题角度奇特，文字功底丰厚，在同学们中形成良好的影响力，望继续保持！"

走在他长大的小区，他这样给我介绍着方位——

"这里就是我们当年校花住的地方，她的眼睛可大嘞，就是脸上有几颗麻子。"

"这里曾住着一个暗恋过我的女孩儿，她当年长得和洋娃娃一模一样。"

"那边，三楼住着一个和我很好的女生，我天天和她一起上学，作业给她抄。"

"这就是我给你说过的那谁的家，当年那是长得太漂亮了！结果有一天她突然失踪了，听女生们说是怀孕了……现在不知道她怎么样了。"

我问九色鹿被人喜欢的感觉是不是很好？他不耐烦地说："好什么好！又不能增加国民财富，又不能产生文化成果！"

之十二 ……………

在海边，我和九色鹿被某种涌动的情绪弄得不好意思起来。

他提议："要不咱们在海边谈谈恋爱嘛！我先说哈——八婆！我对你的爱，就像这大海那么深！好该你了。"

我撩了撩头发，说：“八公，我对你的爱，就像这海边的礁石，乱七八糟……”

记不得是几年前了，那时和九色鹿也会因为些琐事吵架，并且闹到要分手。他说：“这样，你让我做两件事情然后再决定要不要分手吧。第一，我想帮你出本书；第二，我想带你环游世界。”然后，他帮我出版了《小时候》；再然后，我们快走完了大半个地球。

在不丹，我问九色鹿：“你到了这儿都在想些什么呢？”他说：“我在想，如果我是这里的国王该怎么治理好这里，把外面的好东西带进来，同时又能保护好这里。”我说：“嗯，那我能做什么呢？”他想了想，说：“国母啊，你除了爱民如子好像也没别的好做了。”

我们来到一个佛堂，九色鹿也认真地拜起佛来，还念念有词。我问他：“你跟佛祖求啥呢？”他说：“瞧你那病把你瘦成啥样儿了，我求你长得又白又胖……”我立即对佛祖合十：“佛祖，你可别听他的！”但是晚了，九色鹿在不丹对佛祖许下的愿望实现了：我现在又白又胖！

在云南，九色鹿和他的学生开车去野外，我留在客栈看书、喝茶。一场大雨过后，他兴冲冲地打电话来：“快看彩虹！站到院子里看！”我赶忙从房间走出来，真的有彩虹！映在雪山的上空，还是双彩虹！！晚上，他把他在野外拍到的彩虹给我看，我也把我在院子里拍到的彩虹给他看。原来下午的那个时刻，我们刚好就在彩虹的两边！

五月里，九色鹿邀请我和豆豆一起去安徽，游览他最爱的黄山。我们在山脚发现有三条路线可以上山，豆豆问我：“我们是走A线呢，还是走B线呢，还是走C线？”我咬着嘴唇，半天都答不上来。九色鹿在一旁撇着嘴：“你不能同时问格格两个以上的问题，她会死机。”

他提议大家和他徒步走一条他大学时期走过的路线。“毕生难忘！”他一脸激动难平地说，“那个时候就想着什么时候一定再来。”

我和豆豆都是第一次来，不知深浅地热烈鼓掌：“好啊好啊！”等到上路了，才发现这是最艰险决绝的路线，一路都是各种天堑，走到天色将晚时，周围还云里雾里的，几乎就要伸手不见五指了。豆豆已经累得面如土色，而我则像壁虎一样匍匐在峭壁上，满脑子都是脚下的万丈深渊，且前面也不知道什么时候才能爬到头……我活生生被吓哭了！

这时，周围的云雾突然开始发亮，一缕金黄的阳光从我们头顶上方滑落下来射向对面，刚才还不知所云的浓雾中，渐渐露出一面巨大的金色峭壁！它比我们爬的山更大、更险，而离我们又这么近！我们一直在崖谷这边攀爬，却不知道它一直就在数丈开外的另一边！这突如其来的场景一下子把我震撼了，我呆呆地看着那若隐若现的画面，感觉像在做梦。豆豆在远处兴奋地尖叫，对面的马上传来一连串回声。

九色鹿从后面跟了上来：“原来我们一直在面壁哈。”他边说边擦去我脸上没干的眼泪。我缓过神来，问他：“我们还会去对面的山上吗？”

“不会了。到了黄山，还会有人相信山高人为峰吗？”九色鹿转头望向对面，“我只相信山外有山。”

夕阳斜照在他英俊的面孔上，目光清愁如织。恍惚间，我像是回到了当年。

九色鹿回头说：“谢谢你陪我来到这里。”

我说：“谢谢你带我来到这里。”

Chapter 04

爱·情景

你明明，是一个不确定的轮廓，
为何却将我生活的四处包围。
这个街角，那个路口，
这个黄昏，那个梦里，
想到此刻你在与我相遇的路上马不停蹄，
我就忍不住笑出声来。
情侣被蜜糖腌渍在玻璃罐里，
哪有你我愉快？

Someone like you

by

陶立夏

You go your way,

and I will

go your way,too.

再没有什么，

比我笃信你会找到我，

更使我安宁了。

因为这笃信，

当我拥抱这世界的时候，

我亦拥抱着你。

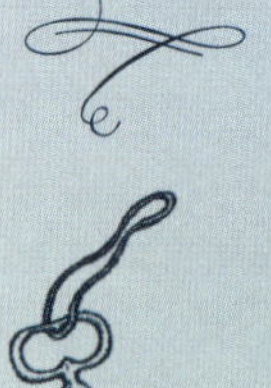

守候

01

有时候，我真羡慕一盏灯，熄灭只是片刻的事。而我对你的守望却这么久，久到忘记了自己的姓名。但当你决定将心放在他人手中，又如何讨价还价。

遇见

02

我认真过着遇见你之前的每一刻。但当我们相遇，我不会告诉你，我走过了怎样的旅程才来到你面前。那些坚持，那些放弃，那些雾一样的迷惘，因为，那都是为着遇见你，所以，它们成为我内心最宝贵的财富。

幻象

03

有人说感情是抓不住的幻象。你见过坛城沙画吗？万般经营，一捧黄沙。

但，没有比那更觉幸福、美丽的建造过程了。我们不是为毁灭而建造，而是为精心投入的每一刻。

在感情里，你懂了无常，懂了付出，懂了不再索求，也就懂了如何不惊慌、不害怕，懂了如何去爱。

深夜游乐场

04

你走的那天我剪了头发，将发尾的金色染掉，恢复到你第一次见我时的样子。谈一场光影流离的恋爱，转一个圈又是自己与自己相对。像突然陷入黑暗的游乐场，旋转马车的灯影乐音犹有回响。但不见底的暗已将我穿透，我握着票根在暗中哭着笑起来。

爱

05

毫无保留地去爱吧，其余的交给命运。那些犹豫不决的人，那些什么都想拥有的人，什么都得不到。

旅行的意义

06

我希望以旅行的方式爱你：更勇敢尝试，更细心体会，更乐观沟通，更坦然接纳。永远心怀期待，也清楚地知道，前路或许会有遗憾。

安定

07

健康的感情是给彼此归属感，而不是束缚。它就像带不走的港湾，当你远行，或许无法亦步亦趋同行，但无论风雨都会在海洋的尽头等你归航。

嗜爱

08

你可能永远都不会知道我有多爱你，但知不知道都没有区别。我能给的，只是你能感觉到的爱而已。

有时候我们都是任性的孩子，把能得到的幸福看得太理所当然了一些。

表白

09

没有比表白更直接的索取了。

没说的话

10

我总是爱上安静的人，用想象去体会他以沉默提供的千万种可能。那些隐藏在一茶一饭背后的深情，那些浅淡但长久的挂念，那些你没有说但我已经听见的：我爱你。

Chapter 05

爱·逆流

他爱的是玫瑰，

而你是角落里的蔷薇。

这世上有一种悲哀，叫作不被爱。

如果有一种魔法，

可以将命运重新洗牌，

你会如何安排？

在变成他爱的样子之前，

你确定，你还爱那个卑微的自己？

你总有爱我的一天

by

张小娴

If I have never met you,

I would never been tortured by those long missing.

I may live a happier life.

要是没有遇上你，

也就没有以后漫长的思念折磨。

我也许会过着比现在幸福的人生。

然而，

要是有人敢把这一天从我生命中拿走，

我是会使尽最后一口气，狠狠咬住他的手臂，

要他放手还给我的。

01
§

许多年后，当著名建筑师乔信生在公寓里那面镜中看到一张布满孤寂皱纹的老脸和憔悴驼背的身影时，他的思绪又再一次回到四十七岁生日的那一天。

那个遥远的下午，他从歌剧院工地开车回来，把车停好，敏捷地爬了几层楼梯回到家里。

饭桌上那个亮晶晶的琉璃花瓶里插着一大丛紫红色玫瑰，开出了一朵朵浓密的花蕊，散发着一股甜香。

这些花他今天大清早出去的时候并没有看见。他现在看了一眼，心情愉快，想着：“这是什么玫瑰？以前从没见过……”

但鲜花总是美好的，只要别看见它们枯萎老去。

他想起这天是他四十七岁的生日，心中没有伤感，反而觉得自己比过去的日子都要年轻。

几年后，当那幢坐落在海边的歌剧院盖好，毫无疑问，将会成为本城的地标。

它是他最得意的作品，会让他名留历史。

他脱掉外套丢在一边，坐进客厅那张底座很低的米白色扶手沙发椅里。

他每次回家，总爱先在这里坐一会儿。人一陷进去，就舍不得起来。

他往后靠到椅背上，伸长脖子看向画室里，喊了一声：

“宁恩，我回来了！”

画室里没有应答。

他心里想：

“她说不定出去了。”

他头转回来，一双长腿舒服地伸展到面前的琉璃茶几上。

这时，他看到茶几上搁着一封信。

那封信引起了他的兴趣。

他倾身向前，拿起那封信。

信封上没有贴邮票，秀丽熟悉的字迹写着：

“给你，我爱了一辈子的你。”

他略微惊讶，很快就想到这也许是一张生日卡，但是，她不是应该写“我会爱一辈子的你”，而不是“我爱了一辈子的你”吗？

他掂了掂那封信，沉甸甸的，倒不像生日卡。

他好奇地拆开信，这封信有三十多页。他认得是她的字迹。

他收过许许多多女人写给他的情信，他通常只瞄一眼就丢在一边。他从来不需要这些纪念品。

但是，这一封，他嘴角一咧，泛起微笑，很认真地看。

信生：

你记不记得你曾经对一个青涩的少女说过一句话？

你说，你不相信爱情，因为你不相信自己。

他的目光惊住了，又再一次看向画室那边。那儿没有声音，只有日头的微光穿过飘荡的窗帘在木地板上流动。

他只好收回目光，继续读着手上的信。

那个少女是我。

不是现在的我，也不是这两年来一直在你身边的我，而是二十二年前的我。

你一定不认得我就是那个少女吧？

因为，过了二十二年，我竟然没有长岁数。

不要惊讶，我正打算把一切都告诉你。

我终于可以向你说出这个故事了。

你知道我从不想对你说谎。

我的灵魂将会裸露在你面前。

这一次，他的目光不安地投向睡房，那儿悄然无声。

他换了一个姿势，把信读下去。

02 §

你还记得一个叫夏夏的女孩子吗?

你追求过她。

天哪！我多么希望你已经想不起她是谁，就像你忘了所有跟你有过雾水情缘的女人那样。

她是我的同学。

那一年，我们都只有十七岁，正值青春美好的年纪。

我是个孤独的孩子，父母在我很小的时候就已经分开了。我跟着当面包师的父亲一起生活。他都是半夜起床出门工作，第二天早上才回家。

像我这样的孩子总是渴求感情的。

在遇上你之前，我仅仅懂得的一种感情就是友情。

直到如今，我始终不明白我跟夏夏为什么会成为那么要好的朋友。

她跟我是两个完全不同的人。

她家境好，是父母的掌上明珠，人也长得漂亮，好胜，多情，男朋友一个接一个，还有一大群护花使者像小狗一样在她脚边厮磨。

有许多年的时间，我们几乎天天黏在一块儿，仿佛有永远说不完的话题。

她喜欢把她那些风流韵事都跟我说。

我见过她每一个男朋友。只要她伸出手臂，这些男孩子就会像鸽子一样纷纷飞向她的掌心，等候她用爱情去喂饲他们。

然而，她总是很容易爱上一个人，也很容易就厌倦了那个人，然后把他像只死鸟一样丢开，生怕会弄脏自己的一双手。

不过，她有时候还是会略微感伤地为这些死鸟淌下一两滴眼泪，用泪水的花瓣埋葬他们。

爱情对她来说，是一种玩意儿。

事隔多年，我才发现，她跟你是多么相似啊。

只是，你结束得比她仁慈和高尚。你从不折辱别人，你从来不想伤害女人。

可是，夏夏比你残忍。她有时候好像还嫌那些死鸟不够可怜似的。有好几次，跟一个男人分手之后，她会跟我说：

“不如我叫他追求你好吗？他人真的很好，只是不适合我。只要我开口，他一定会听我的话。”

你可以想象，当我听到这些话时，我是多么生气。

她不要的东西，却想当成礼物一样送给我。这样做并不是为了我，而是为了把那些男孩子永远留在她身边，随时听候她的召唤、差使。

要是有一天，那个男孩子真的爱上了我，她可以一直跟我说：

“他原本是喜欢我的啊！”

但我从来没恨她。

她是我最好的朋友。我太了解她了，当你如此了解一个人，你便不会恨她。

可惜，她从来不了解我。

我是个内心很骄傲的孩子。

我看不起她爱上的那些男孩子，他们不是家里有钱，就是没个性，没品位，也没格调的黄毛小子，或者跟她一样，把爱情当作青春的游戏来追逐。他们爱的不过是她的身体，她却从不知道。

那些男孩子，放在一个银盘子里送来给我，我也不要。

直到有一天，她对我提起你。

03
§

“他长得好帅啊！有这么高呢！”她仰起头，指尖伸向天花板，用手比画着。

然后，她收回那只手，说：

“他女朋友可多呢！我一定要把他弄到手！我要他迷上我！”

“你是说要他死在你脚下吧？”我丢出一张梅花A，笑着揶揄她。

那天晚上，我们两个趴在她睡房那张弹簧床上玩着扑克牌。

那时候是学校放暑假。只要我跟爸爸说一声，随时都可以在她家里过夜。

她重新洗牌时，噘噘嘴说：

“不过，他就是老了一点。”

“他很老吗？”

“二十五岁……比我整整大了八年。”

我禁不住“哧”的一声笑了出来。

那时候，围绕在她身边的男生都是跟她差不多年纪的，顶多只比她大一两岁。

对于年方十七的女孩子来说，二十五岁的男人，原来已经是个老男人了。

“我怕我跟他会有代沟呢。”她洗着那副扑克牌说。

“你一直都在洗牌，你到底派牌不派啊你？”

“现在不是派给你吗？我到底怎样才可以让他迷上我啊？”

我一边看牌一边说：

“这方面你不是专家吗？我还以为他已经迷上你了。”

没想到我这句话刺激了她，她灵机一触，兴奋地说：

“他是建筑师，数学一定很棒！我可以问他数学，就说我不会做！他那天给了我一张名片。”

她说完就丢下手里的牌，跳下床去找你的名片。

“现在是暑假啊！”我没好气地说。

“我做暑期作业嘛！”

“找到了！”

她拿着你的名片，在书桌上找了一本数学课本，把电话抱到床上。

我看看钟，说：

“现在可是星期五的夜晚十一点钟，他还会在办公室里吗？”

“不试试看怎么知道？”

她这人总是想到就做。

电话接通了。

没想到，你竟然还在办公室里。

你接了那通电话。

她朝我挤挤眼睛，对你说：

“你是乔信生吗？”

那是我这一生头一次听到你的名字。

“我是夏夏。那天我们在派对上见过面的。你还记得我吗？”

你大概是在那一头说了几句话吧。她有点得意地用手掩着话筒，压低声音跟我说：

“他还记得我。”

我无聊地洗着那副扑克牌。这个世界上，好像从来就没有见过她一面而不记得她的男人。

所以，我并不觉得惊讶。我唯一感到惊讶的，是她看上的男生之中，竟有一个人是会星期五晚上还留在办公室里工作的。

然后，她一派天真地跟你说：

“是这样的，我有几道数学题不会做，可以请教你吗？”

你在那一头又说了几句话。

这一次，她没看向我，撇撇嘴，提高了声线说：

“那好啊！你明天打给我。反正我也不急。”

挂线之后，她悻悻地说：

“哼，他说他正在忙，明天打电话给我。”

我几乎忍不住笑了出来。

你是第一个没有在她伸出手时马上朝她飞来的男生。

那一刻，我不禁想，也许，你跟其他男生是不一样的。

然而，我很快就开始鄙视你。

04
§

因为，你的高傲只维持了短短的一天。

第二天，你主动给她电话。

她穿了一件领口开得很低的衣服，带着数学课本出去赴你的约时，扬扬下巴，跟我说：

“看我待会儿怎么惩治他昨天冷待我！你等我！我很快回来哦！我一问完功课就走，丢下他一个人！他一定想不到我会这样！”

结果，那天她很晚才回家。

她回来的时候，一脸容光焕发，把你们头一天约会的每一个细节都告诉我。

她觉得她已经把你迷倒了。

我说过我看不起那些爱上她的男生。

那一刻，我鄙视你。

我认为你就跟那些围绕在她身边转的男生没有两样，只是比较新鲜罢了。

然后，你们开始约会，你很快就成了她口中的男朋友。

你对她来说，就像一件新的玩具，她迫不及待想要向我展示和炫耀一下。

一天，她拉着我去见你。

“我带你去看看信生的房子，那是他自己设计的呢。然后，我们等他回来一起去吃饭。”

我就这样给她拉了出来，身上连一件像样的衣服都没有，难怪你那天根本没注意我。

说到这里，你应该会记起那个叫夏夏的女孩，还有她身边那个看起来像灰姑娘的我吧？

你甚至从来不知道我的名字。

05
§

信生，早在二十二年前的一天，我已经来过你现在住的这间公寓了。

只是，当时的我，怎会想到，时光消逝，暌别了漫长的日子，我会重来，成为这间公寓的女主人，在无数个无眠的夜里，幸福地倾听你酣睡的鼻息。

这曾经是多么遥不可及的痴想！

那天的一切，历历如绘。

我被夏夏硬拉了出来，跳上一辆出租车。

车子抵达你在贝露道七号的住处。

我下了车，抬头一看，那是一幢六层楼高的灰白色水泥房子，很有些年纪了，也许比我和夏夏的岁数加起来还要老一些。

我们踏上大门的几级台阶，进去楼梯大堂。

那道宽阔的楼梯是用灰色的水磨石铺成的，扶手也一样，摸上去一阵冰凉。

那时候，我并不知道，后来有多少个夜晚，我孤零零地坐在这些冰冷的楼梯上等你回来。

“真不明白他为什么要住这儿！连电梯都没有！”夏夏一边走一边咕哝。

我们终于爬上了四楼。

“到了哦！”她边喘气边说，“下一次，我要他抱我，我才肯上来！”

我按了门铃，你的老用人来开门，很恭敬地喊了一声：

“夏小姐！”

她让我们进屋里去，告诉我们，你还没回来。

“我们等他好了！”夏夏说。

一进屋里，我就呆了。

我从没见过这么美的房子。

虽然知道你是个建筑师，但我总是带着偏见地认为，一个会追求夏夏的建筑师不会很有内涵。

但我错了。

铺上木地板的屋子天花板很高，墙壁素净，一张米白色的长沙发搁在偌大的客厅中央，旁边摆着一张底座很低的扶手沙发椅。

这是你最钟爱的一张椅子。它陪你许多年了。

你现在也是坐在上面读我这封信吧？

那天，首先把我的目光吸引住的，是客厅墙壁上那张色彩绚丽的油画，画中的年轻女人拥有性感红唇和金红色的头发，身穿缤纷的舞衣和黑色长袜，手托着腮，活泼地凝视远方。她身边被万花筒一般的颜色包围着。

我驻足在画前，望着画中的女人。画中的女人好像也看向我，画里那些斑斓的颜色在我眼睛周围会颤动似的。

“我问他干吗把女人画成一块块色斑似的！”夏夏从我身边冒出来说。

“这画是他画的？”我吃了一惊。

“嗯！我问他这画里的女人是谁，是不是他的旧情人，你猜他怎么回答？”

“那是他旧情人吗？”

“他说呀，这既不是任何一个女人，也是任何一个女人！”

我笑了。

当天的我，只觉得这张画很美，我没想到你会画得一手好画，心中不期然对你生出爱慕。

直到后来的日子里，受尽对你思念的折磨，重临旧地，再一次看到这张画时，我才知道我一直不了解你。

画中的女人的确如你所说，既不是任何一个女人，也是任何一个女人。

你的日子是所有女人拼凑而成的。

她们都年轻、漂亮、活泼、快乐，像万花筒里的色块那样，点缀着你的生命。

不回望过去，只爱眼前的欢愉，追逐灿烂的青春与浮华，手托着腮，懒懒地嘲笑别人那些一辈子的承诺与深情，没有忧愁，没有伤感，没有牵挂，只有游戏人间的眼神。

要是我早一点知道，后来的那个晚上，我不会傻得以为我纯真的眼泪会打动你。

我会跟你一样，跟你画中的女郎一样，对你表示，我多么轻蔑爱情。

这样的话，我也许会得到你。

可是，年轻总是会犯错的吧？

何况，那时候我只有十七岁。

当夏夏坐到窗边喝茶的时候，我的脚步移向客厅那一排占了一堵墙、从底到顶的书柜。

你拥有许多许多的书，我好奇地看看你都看哪些书，有建筑、艺术、文学，还有其他很多，都是我没看过的。

我从小就爱书，一下子看到那么多书，我满怀仰慕，摸摸这本，也摸摸那本。这时，我心里苦思着：你到底是个什么人啊？那么有学问，那么有才华，却竟会喜欢像夏夏这样的女孩子，她几乎都不看书。

那一刻，我的自尊心和嫉妒心告诉我，这里的一切，那张画，那所有的书，唱片架上的古典音乐和客厅一角那一台黑亮亮的钢琴，都不过是你用来装模作样、哄骗女孩子的。

我想要证实我的想法。于是，夏夏好几次催我过去喝茶我都没理她。

我忙着窥伺你。

我把书架上的书一本一本抽出来看，看看它们是不是用来装饰的，你根本连看都没看过。

但是，我再一次错了。

我随手拿起的每一本书，都有翻过的痕迹，其中一些，甚至给你读过许多遍，已经有卷角了。

要是这一切是属于一个其貌不扬、戴着一副千度近视眼镜的男生，我也许还能理解。

但是，夏夏一直说你长得很帅。

“他怎么还不回来啊？”夏夏在那边嚷着。

我已经离开书架，透过半掩的门窥看你的睡房。

我看到一张床的一角，铺上了米白色的床单，床边摆着一双黑色的拖鞋，你的拖鞋。

我又窥看你的书房，里面的书更多了，用来画图的一张木桌上堆满了一卷卷的图则。

我突然明白，夏夏头一次打电话给你的那个星期五的晚上，你说你正忙着，并不是故意吊她胃口，你是个很投入工作的人。

“他回来了！”夏夏突然说。

我心里一颤，转头看过去。

我没看见你。

我看到的是她的背影。

这时，她已经从窗边的椅子上站了起来，看向窗外，好像看到了某个人。

我走过去，挤到她身边，想看看你，却没看见。

你已经进了公寓的大堂。

我错过了你。

夏夏转过头来，脸朝我很得意地笑了几声，说：

“嘿嘿，只有我一个人看到！”

那不过是一句孩子气的说话，然而，在我后来的记忆里，那句话一直都是酸酸的。

所以，这两年来，我总爱站在这扇窗子前面，等你回家。

当我看到你回来，我会傻气地跟自己说：

“嘿嘿，只有我一个人看到！”

这么做，仿佛是一个小而甜蜜的胜利似的。

夏夏说完那句话，飞快地躲到大门后面，朝我使了使眼色。

她想在你进屋里来时吓你一跳。

她示意我过去，我却只懂紧张地杵在窗边。

这时，门从外面打开。

我终于看到了你。

夏夏被挡在门后面。你没看到她。

你看到的只有我。

你惊讶的目光投向我，似乎正在心里想：

“这女孩是谁？为什么会在这里？”

那时那刻，虽然只是短短的一瞬，整个世界，就只有我和你。

06
§

夏夏说你长得很帅。

她错了。

你长得比她形容的还要帅，比我想象的还要帅。

我以为你就跟她从前交往过的那些男生一样，虽然长得漂亮，但要不是像吃软饭的小白脸，就是在女人堆中长大的粉雕玉琢的公子哥儿，没有半点男子气概，在路上不小心摔一跤说不定也会哭着找妈妈。

你不一样。

你是个男人。

你当时的样子还是跟现在一样。岁月特别厚待你，没有在你身上留下痕迹。

虽然你总是对我说：

“我老了啊！我比你大二十五年！”

然而，在我心中，你从来没改变，始终是那时那刻，我第一眼就爱上了的人。

你那天穿了一套深蓝色的西装，白衬衫最上面的两颗纽扣松开了，领带拿在手里，应该是你上楼梯时脱下来的。

你修长挺拔，一头浓密黑亮的清爽短发，脸上带着活泼生动的神情，英姿凛凛。

你拿领带的动作多么潇洒，你的微笑多么迷人。有一秒钟，你那深邃的黑眸好奇地看向我。

那是一双多情、聪明又复杂的眼睛。多年来，我一直看不透这双眼睛。

对一个十七岁的女孩来说，这一刻好比永恒。

我像着了魔似的看着你。

我也突然意识到我那天的打扮多么寒碜。我脸色苍白，瘦骨伶仃。我的短黑发总是固执地翘起。我身上的薄裙子是旧的，看来十足像安徒生童话里那个卖火柴的女孩。

你又怎会像我爱你一样爱上我？

“我在这儿！”这时，夏夏从门后面跳出来，亲昵地钩住你的手臂。

你的目光全部转向她。

“人家等你很久了啊！”她对你撒娇。

你朝她含情地笑。

你总是这样对你身边的女人笑。

“这是我同学西西。”

西西是我的洋名。我本来的洋名是西西莉亚，但是大家都习惯了叫我西西。

你从来就不知道我的本名，你也没问过我，就好像我跟其他女孩一样，只是个过客。你也许认识许多叫西西的女孩。

幸好你从没问过，因此，二十年后，我可以用我的名字庄宁恩。你以前根本没听过这个名字，不知道我曾经是西西。

夏夏给你介绍之后，你走向我，朝我微微一笑，说：

“你是西西？”

我本该回你一个微笑，可我却被你销魂的目光迷住了，扭扭捏捏地窘红了脸，说不出一句话。

夏夏得意地对你说：

“我们两个加起来就是西夏王朝！很强大的呀！休想欺负我们！”

你咯咯地笑了，说：

“那就是蛮夷了！后来还给成吉思汗灭了！”

“对！我们是野蛮人，我们要吃饭啦！我肚子都饿得贴了背啦！”夏夏嚷着。

你甜腻地说：

“对不起，要两位小姐等我，我去洗把脸就来！”

你没有再多看我一看，径直走进房间里去。

我多么恨我自己啊？我为什么没有在你面前表现得好一些？

“你觉得他怎样？”夏夏小声在我耳边问。

没等我回答，她接着说：

“他是不是跟我以前的男朋友不一样？他很迷我呢！”

说完之后，她走到长沙发那边，从皮包里掏出一面小镜子，对着镜子擦口红。

我从来就没这么妒忌过她！

那一刻，我甚至傻得害怕她会嫁给你。

我多傻啊！你根本不会结婚，不会被任何一个女人束缚。

但是，那个时刻，我还不了解你。

我突然有一股冲动，想从你那儿拿走一样纪念品，它是属于你的，是你的手抚摸过的，让我可以欺骗自己，用另一种方式去亲近你。

07
§

我想也没想，就从你的书架上抓起一本书，连那本是什么书都没看清楚。

我几乎是颤着声音跟夏夏说：

“我可以跟他借一本书吗？这本书我没看过。”

“好哦，待会儿我问问他。”

她掀开了那台钢琴，手指在黑白琴键上随意弹了几个音符。

这时，你从房间里出来。

刚洗过脸的你，脸庞两边的头发有点湿湿的，看起来像个好动的孩子。

“我很久没练琴了。”夏夏说，“这钢琴你会弹吗？还是用来装饰的？”

你没说一句话，坐到钢琴前面，手指在琴键上翻飞徘徊，是如此专注，如此动人。

从那一秒钟起，我永永远远地爱上你了。

我也开始恨你。

你那么有内涵，却追逐没有内涵的女孩子。

你那么有才华，那么有学识，却也沉溺逸乐，恋慕女色。

你对工作认真，却又玩世不恭，浪掷爱情。

每一面都是你。

你这个混世魔王！

“西西想向你借一本书。”夏夏对你说。

“你喜欢王尔德？”你看了看我紧紧捏在手里的那本书。

我只懂窘困地点头。

“借我的钱不用还，借我的书要还啊！”你朝我微笑，很认真地说。

“我会还你的。”我回答你。

信生，这二十二年前的一天，你记起来了吗？

每一个细节，我都记得。

为什么要让我在那天遇上了你？

要是没有遇上你，也就没有以后漫长的思念折磨。我也许会过着比现在幸福的人生。

然而，要是有人敢把这一天从我生命中拿走，我是会使尽最后一口气，狠狠咬住他的手臂，要他放手还给我的。

08
§

那个夜里，我在我的窄床上，抱着你读过的那本书，一直读到天明。

那一刻，它是属于我的。

书页已经有些泛黄了，我想象你是在很久以前，也许是在我这个年纪的时候就已经读过这本书。

书的主角名叫格雷，是个美男子。

书是我急急地从你的书架上抓起来的，在那浩瀚的书海里，为什么偏偏让我拿到王尔德这本《格雷的画像》，而不是别的书？

直到二十年后，我才明白，这是我摆脱不了的命运。

命运和偶然的分别，是命运早已埋下了伏笔，我们却往往要等到许多年后，蓦然回首，才惊觉那深沉的一笔。

09
§

因为你，从那天起，我也爱上了建筑，爱上了艺术，爱上了古典音乐和肖邦。

我常常去图书馆借读这些书。

即使不明白，我还是一读再读，沉醉其中，想成为你喜欢的女人。

本来只听流行曲的我，一头栽进古典音乐里。我用零用钱买了我第一张肖邦钢琴曲。

我们邂逅的那天，你弹的就是他的《夜曲》。

我是如此恋慕你，你恋慕的却是夏夏。

你和她很快就打得火热。

我常常渴望她跟你约会时也带着我去，那我便可以见到你。

可是，每次见到你们打情骂俏，我又好恨自己为什么会在那儿。

一天晚上，我穿上了我最好的一袭裙子去见你。

那天是你有份设计的一幢旅馆揭幕，开幕派对在旅馆顶楼的法国餐厅举行。

我早在两星期前就听夏夏提起过，我央求她带我去见识一下。

为了要她答应，我那阵子甚至千方百计讨好她。

终于，她答应带我去。

我始终不知道那是你的主意还是她的主意。那一天，我们不是三个人，而是四个人。

杜林也来了。

你是担心他一个人落单，把我塞给他吗？

你竟然这样浪掷我对你的爱慕？

杜林是个善良的人，是跟你最好的旧同学。可他跟你太不一样了，他穿着寒酸，一副落魄相。

不过，说真的，那天，他跟我实在太匹配了。

那天晚上，我出现时，夏夏一见到我一身的打扮，就忍不住放声笑了出来：

“你为什么穿成这样？早知道我借一袭裙子给你了！你为什么不问我？”

那天，她打扮得真漂亮，像个公主似的，我却像个没见过世面的清贫女学生那样跟在她身边。

你并没有像她那样嘲笑我。

你爱天下间的女人，因此，你对女人总是温柔宽容的。

但你也没跟我跳舞。

我眼看着你跟夏夏在餐厅的圆形舞池里一支舞接一支舞地跳，眼看着你们的身体纠缠在一起，眼看着她不时跟你喁喁细语，我好恨我自己。

我为什么要来？

我紧紧咬着嘴唇不让自己哭出来，但我的泪水却早已经湿了眼眶。

幸好，餐厅里的灯光很暗，你没看到我的眼泪。

然而，坐在我身边的杜林，这个落寞的男人却比你看得清楚，他好像感觉到了。

他努力逗我说话，好像知道我在伤心。

也许，他已经见过太多女孩子为你伤心了。

但我哪有心情理他？

我随便敷衍了他几句，就把他搁在一边。

被我冷落的他，终于无话，一杯接一杯酒灌下肚里。

等你和夏夏的舞跳完，他也醉了。

后来，你开车送我们回家，顺路先送他。

车子在黑夜里飞驰，夏夏不停地跟你说着话，她那天玩得很开心，觉得自己在派对上出足了风头。

我不想跟她说话，只好装累，头抵住车窗，默然无语，眼睛却一直偷看你的侧脸。

这张复杂的脸，我是可以看一辈子也不会厌倦的。

杜林醉茫茫地歪倒在另一边车门上。

我一直在想，他跟你到底是什么关系啊？

你说他是你大学同学，那么，他也是念建筑的吧？为什么跟你那么不同？你们却好像很亲。

那时的我，也许不了解际遇这回事，但我看得出感情这东西。这是我的天赋。

车子在一幢破旧的公寓对面停下，这儿跟你贝露道的公寓真有天壤之别。

你下了车，跟我和夏夏说：

“我很快回来！”

接着，你打开后面的车门，把醉醺醺的杜林扶了出去。

“要我帮忙吗？”我问了一声，帮着你把他推出去。他可重了。

你朝我微笑着摇头，回我说：

“不用了。”

那微笑多么温存。

吃力地把他拉了出去之后，你将他的手臂搭在你肩膀上，轻轻把车门关上。

我的眼睛一直追随着你的背影。

这时，夏夏不高兴地说：

“最讨厌酒鬼！”

“我出去吹吹风。”我说着走下车。

我站在车边，静静地望着你。

那是我独享的一段时光。

你扶着杜林走过对街，两个人颠颠簸簸的，肩膀搭着肩膀，竟然快乐地大声唱起歌来。

我又看到了你的另一面。一瞬间，我禁不住笑了，整个晚上被你冷落，整个晚上的痛苦，这一刻，好像都得到了些许补偿。

你和他终于走到他住处的台阶上，就在这时，我看到你掏出钱包，抽出几张钞票，悄悄地塞进他的口袋里去。

你的动作是如此不经意，如此为人设想，他好像都不知道。

要等到他明天宿醉后醒来，他才会发现口袋里有钱。

我后来才知道，你一直都是这样接济你这位失意潦倒的旧同学。

信生，你对男人还是比你对女人长情啊。

当你转身走回来的时候，我连忙钻进车厢里。

你轻轻松松地自个儿哼着歌，穿过马路，朝我们走来，打开车门，潇洒地说：

“走吧！”

顺着那条路走的话，应该是先送夏夏回家的。但是，每一次我们三个人出去，不管走哪条路，你总是先把我送回去。

我多么渴望有一天，在你身边待到最后的是我。

只要有一个晚上就于愿足矣。

我会希望回家的那条路一直走不完。

10
§

然而，有二十年的时间，那条路是我孤零零一个人走的。

二十年如昨，爱你的日子，我从来没有对你失望过，我只是对自己失望。

要是我那么爱你，我不是也可以爱你原来的样子吗？

我说过你是混世魔王，我早该知道的。

那个晚上，我窝在我的床上，听着《夜曲》，抱着那本《格雷的画像》，不知道已经第几遍看了。

看到书，就好像看到你，我甚至傻得去吻那本书。

夏夏那天跟你出去了。

回家以后，她打电话给我。

“我看看你睡了没有。你在做什么？”她问我。

“我在看书。”我连忙关掉唱机，我不想她听到我在听《夜曲》。

“累死了！”她说。

“你们又去跳舞吗？”我苦涩地问。

“不是啊！我们在他家里，一整天都没出去。”

“你们在家里做什么？”

她听到我的问题，放声笑了起来：

“你真纯情！两个人一起，你说干吗？”

信生，那一刻，我觉得我已经死了。

我对你的爱，没有一丝欲念。

那个年纪的我，天真地相信爱情是单纯的、圣洁的、超然的，就像钟楼怪人加西莫多对吉卜赛女郎爱丝美拉达那样，爱念比欲念刚强，凌驾欲念。

只有那样的爱情是最纯粹高尚的。

但你毕竟不是那个丑陋的加西莫多。

虽然我明知道你有过许多女朋友，我却还是欺骗自己。

我告诉自己，你是不会跟她好的。

我竟然笨得跟自己说，你和她顶多只会拥抱和接吻。

我竟然相信你们两个的纯情。

她那句“你真纯情”，把我从自己的梦里惊醒了。

梦醒总是虚妄的，不知身在何处。

“西西？你有在听我说话吗？”

我试着表现得若无其事，可我的嘴巴、我的脸，我整个人都在发抖。

“我要睡了！”我挂断电话。

我想要恨你，却做不到。

这时候，我听到房间外面的脚步声，是爸爸去面包店上班。他会一直工作到第二天早上才回来。

等到他出去了，我下床，在厨房的壁橱里找到他那瓶白兰地，抱着酒瓶，仰起头，咕噜咕噜地猛灌了几口。

我不想要清醒，那太痛苦了。

我回到我的床上，头一次发现酒精的美好。

我气得哭了。

我抱着你的书一直哭到醉死过去。

我问自己为什么？你知道夏夏根本是个玩弄爱情的女人吗？她跟你一起时，一直也有跟其他男孩子出去。她还要我守秘密，有几次，她对你撒谎，说是跟我在一起。

她甚至不是处子！这你都知道吗？

你都不会介意吗？

多亏那瓶白兰地，我终可以在梦里忘记你。

第二天，我依然昏昏沉沉的。

我发了烧。

爸爸没发现我喝了那瓶白兰地，他给我钱，要我自己去看病。

我没去，我希望我就这样病死好了，那么，你也许会为我难过，会记得我。毕竟，我死的时候还那么年轻。

可我没死。

我缩成一团，就这样在床上瘫了好多天，再也不想起来。

夏夏找我出去，我就说我生病了。

因为我不想见到你，不想让你看到我那个样子。

我以为只要见不到你，我或许总有一天可以忘掉你。

我们不都是会忘记无数曾经做过的梦吗？一觉醒来，它就这样渐渐从记忆中消逝，了无痕迹。

11
§

可惜，你不是可以忘记的梦。

就在我缩在床上不想见人的那些日子，有一天，夏夏来看我。

家里只有我一个人。我下床蹒跚着脚步去开门。她一看到我，吃惊地说：

“你瘦好多了啊！到底是什么病？有没有去看医生？”

她说着伸手摸了摸我的额头。

“有一点烧呢！你回到床上躺着吧。我买了吃的给你。”

她紧张地拉我回床上去。我背靠床板，她为我盖好被子，坐在我的床边，忧心地问我：

“你到底怎么了？”

我看着她，她是那么真挚地关心我。那种感情不可能是假的。

在你这个成吉思汗还没出现之前，我和她毕竟是“西夏”啊！

我突然觉得自己好卑鄙。我为什么要那样对她？

虽然她让我饱尝嫉妒的滋味，但那不是她的错。

要不是她，我根本不会认识你。假使没有她，你也不一定会爱上那时候的我。

“你看我买了什么给你！”她拿出一个包装得很漂亮的长方形盒子，盒子上面打了个蝴蝶结。

“是巧克力！这个巧克力很好吃呢！你拆开来看看。”

就在那一瞬间，我的眼泪全都涌了出来。

这个傻瓜，这个我少女时代最好的朋友，竟然带一盒巧克力来探病。

我确实把她吓坏了。

“西西，你没事吧？”她抓住我瘦嶙嶙的手臂，“你有什么事就跟我说吧！”

我双手掩着脸，只懂哭，一句话也说不出来。

我怎么可以告诉她，我爱上了你？

“你别这样，你哭我也会哭，你是不是有什么病？”

她哭了。

看到她哭，我也哭了。

我怕她知道我心底的秘密，我含混地说：

“我不舒服。”

“你会不会死？”她慌乱地问我，哽咽着说，“庄宁恩，你不能死！我们不是约好了将来有一天，要一起去巡视敦煌莫高窟的吗？那可是我们西夏时代的伟大艺术啊！”

我泪眼模糊地看着她，终于说：

“我吃完这盒巧克力才死！”

我们都笑了，一边笑一边哭。

“你吃了我的巧克力，我可不肯让你死！快吃吧，这巧克力是信生跟我一起去买的。”她抹掉眼泪，快活地说。

“他买的？”

“是我挑的，他付钱。我知道你喜欢吃巧克力，特别是苦的。怎么样，好吃吧？”

“嗯，是很苦。”我抿着嘴巴说。

“苦就好了，我一直问那个店员，到底苦不苦？苦的我才要！我说我那位朋友专门爱吃苦。信生听了，在旁边不停地笑，他说‘再苦就不是糖了’。”

我嘴里含着巧克力，默默点头：“够苦了！苦死了！”

“真的？这几颗都是我挑的。别指望男人知道你喜欢什么，他们都不会买礼物。”她叹了口气说。

她说着从皮包里拿出一个蓝色的丝绒盒子，打开来给我看。

“你看他买了什么给我！”

我的泪眼又再次蒙眬了。

那是一双象牙白色的珍珠耳环，白金镶嵌，每边长长地垂吊下来一颗珍珠。

“好漂亮啊！”我拿起来比在耳垂上。

“这么老的东西，只有老女人才会戴！他偏偏说珍珠最好看！气死我！”

我本来想说“我喜欢珍珠”，但话到唇边又消逝了。

我把那双耳环还给她。

她和你的品位多么不相似啊！

你怎么可能喜欢珍珠也同时喜欢她？

我喜欢你，也就不可能同时喜欢任何一样配不上你的东西。

于是，我不喜欢自己。

夏夏走了，把那盒很苦的巧克力留下给我。

巧克力是你买的，我很珍惜地吃，品味你给我的苦涩。

那多么像我对你的爱？笑着吃苦，无悔饮砒霜。

12
§

你的巧克力治愈了我。

第二天，我的烧退了。

我试着离开我的床，离开我的自怜。

我试着出去走走。

结果，我又回到图书馆去，借的全是建筑艺术的书。

日复一日，我用这些借来的书想念你，也用这些书来忘记你。

我决心要考上建筑系，成为一位建筑师。

只有变成跟你一样，我才可以接近你，配得上你。

两年后，我便要考大学了。我趁着暑假拼命去学习，拼命进步。

我的心思全都放在这件事上。

我甚至没注意到夏夏曾经有一两次在电话里跟我抱怨你要加班，没时间陪她。

她一向也认为自己是这个世界的中心，每个人都该放下身边的一切等候她随时的召唤。

你却偏偏是个例外。

她气得直跺脚，我心里倒是有些高兴。

为了向你报复，你不陪她的时候，她就跟其他男人出去。

我没想到，那是你离开一个女人的方式。

你离开的方式是那么优雅，那么高明，不会伤害到对方的自尊，却也不会给她机会纠缠下去。

你退得那么精彩，反倒让女人认为是她首先离开你。

夏夏自然也这么认为。

她毕竟比你年轻，经验尚浅，不是你的对手。

暑假将尽的一天黄昏，我从图书馆回来，看到她坐在一辆簇新的敞篷跑车上等我。开车的是个我不认识的年轻小伙子，一脸殷勤相。

夏夏看到我，飞快地下了车，跑上来：

“你到哪里去了啊？我想着，再等一会儿我们就走了，我们要去看电影。”

然后，她塞给我一样东西：

“你可以帮我还给乔信生吗？”

我打开盒子一看，是你送她的那双珍珠耳环。

她悻悻地说：

“没有一个男人可以首先离开我！你跟他说，是我要跟他分手！我有男朋友了。”

她说着朝车上那个小伙子抛了个媚眼。

“这些老女人的东西，你帮我还给他！我不会再见他！”

我心中禁不住一阵狂喜。

“你跟他分手了啊。”

我望着那双耳环，脸上不曾有一丝波动。我不能让她看见我窃喜的神情。

“拜托你吧！现在就替我还给他，我一天都不能等！”

她竟然要求我去见你。

“好吧。”我抑住心中的兴奋说。

13
§

我拿着那双耳环，并没有立即去找你。

我奔跑上楼梯回到家里，放下书，打开那个精巧的丝绒盒子，把耳环拿出来，喜滋滋地钉在两边耳垂上，在镜子里看看自己的模样。

那双耳环很美，因为是你买的。

我久久地望着镜子，眷恋着这双待会儿要还给你的耳环，我傻得希望你会跟我说：

“既然夏夏不要，那就送给你吧！”

我看了很久很久，每一边脸都转过去又转回来重复看了很多遍，那两颗垂吊着的珍珠在我耳垂上晃动，有一刻，我觉得它们已经是我的了。

然后，我翻箱倒柜，找出最好的衣服穿上，把那双耳环放回盒子里，跑去找你。

我好像去见一个情人那样，带着飞奔的脚步去找你。

你的老用人来开门。

你还没回家。她认得我，让我进屋里坐着等你。

于是，我得以再一次窥伺你的生活。

当你的老用人回去她厨房里的那个小房间之后，我开始东摸摸，西摸摸，摸摸你的钢琴，还有你的唱片和你书架上的书，其中有几本关于建筑的，我在图书馆里读过了，心中感到一阵得意。

我又从你没掩的门窥看你的睡房。这一次，我不只看到床的一角，我看到了你那张宽阔的大床。

后来，我坐到你现在坐着的这张米白色扶手椅里等你。

这张椅子太舒服了，怪不得你喜欢它。

我几乎整个人都陷了进去，眼睛一直盯着大门。

你还没回来，我一次又一次打开那个蓝色丝绒盒子，再看一遍那双珍珠耳环。只要想到待会儿要还给你，我心里就开始感到不舍。

你很晚才回来，那时已经过了十二点钟吧？

我突然听到钥匙在门外转动的声音。

我连忙从椅子上站起来，顺顺头发，也顺顺皱褶的裙子，手里紧紧捏着那个小盒子。

我整个人都变得紧张起来，心怦怦跳。我很久没见你了，我一直想念你。

门开了，你看起来一副快乐的样子。

看到我时，你脸露惊讶的神色。

“西西？你为什么会在这儿？”

我本来想好了许多话要跟你说，那一刻，我却羞红了脸，有点结巴地说：

“夏夏要我把这个还给你！”

我将那个装着耳环的盒子递给你。

你皱了皱眉头，似乎已经想不起那是什么。然后，你打开来看了一眼。

“说你送给我吧！”我心里默默祈祷着。

你看到那双耳环，脸上没有失望的神情，没有不愉快。但是，你也没有把它送给我，你只是随手把它塞进身上西装的口袋里，好像这并不是第一次有一个女人把你送的礼物退回给你。

然后，你朝我潇洒地笑笑，好为自己解窘。你说不定也曾试图流露一点感伤。即使只是一段风流韵事的结束，那种感伤的神情还是会让女人以为你这辈子也不会忘记她的。

你真的是个中高手，任何一个女人都很难去恨你。

我杵在那儿，等你跟我说句话，可你没有。我满怀失望，小声说：

“那我走了。”

“等一下。”你突然说。

14
§

“这么晚了，我送你回家。”你温柔地说。

我抬眼看你，怔住了，心中惊讶颤抖，高兴得忘记了一切，脱口而出：“好啊！”

“那走吧！”你嘴角挂着一丝轻柔的微笑。

我飘飘然跟你走下那道水磨石楼梯。

你像一位绅士那样，为我打开前车厢的车门。

我上了车，坐在那个通常只有女朋友才能坐的位子上。

然后，你绕过另一边上车。

车子缓缓离开贝露道，驶下黑夜静寂的山坡。

我几乎无法相信眼前这一切是真的。

多少个夜里，我渴望有一天，我可以在你的车上待到最后，回家的路，只有你和我，一直走不完。

我想了许多话想跟你说，我可以问你对建筑和艺术的心得，我也大可以告诉你，我准备念建筑。

然而，当这一刻真的来临，只有你和我，我却好几次想开口都找不到完美的开场白。

我害怕我任何一句无知的蠢话都会破坏这一切。

于是，我闭嘴了，不时用眼角的余光偷看你，不断希望你会跟我说话。然而，你的眼睛并没有看向我，你眼望前方，很专心地开车。

我希望回家的路永远走不完，可是，那个夜晚，回家的路却好像比任何一个时候都要短促。

眼看下一个路口就到了，我心中慌乱起来。我一定要跟你说些什么，让你记得我。

我一定要尽快找个话题。

那一刻，没有比夏夏更好的话题了。

我装出一副世故的口气说：

“夏夏已经有男朋友了。”

你笑笑：

“她一向不乏追求者。”

“我还以为你们会结婚。”

你转头看了我一眼，禁不住笑了：

“我不会结婚。为什么要结婚？”

“因为你和那个人相爱啊！”我天真傻气地说。

你放声笑了，好像我刚刚说了一个很滑稽的笑话。

“王尔德说，忠诚的人只懂得爱情微不足道的一面，不忠的人才懂得爱情的不幸。你听过这句话吗？”

我默默地点头，回答说：

“《格雷的画像》。我在书上读过这两句。”

“是吗？我都忘了在哪本书里读过。”

“你为什么不相信爱情？”我鼓起勇气问你。

你停下车，嘴角一咧，笑了，以你一贯游戏人间的口气对我说：“我不相信爱情，因为我不相信自己。”

信生，如今你记起来了吗？

你对一个爱上你的少女说，你不相信爱情，你也不相信自己。

然而，她却更死心塌地地爱着你，不知天高地厚，不自量力地跟自己说，有一天，她要让你相信爱情。

15
§

那天晚上，当她回到家里，她心中充满了希望。

她倚在窗前，幸福地望着窗外。

虽然你的车子已经开走了，她还留恋地看着静悄悄的街道。

第二天、第三天、第四天夜晚，她也是这样倚在窗前，幻想你会像电影里的男主角那样，开车来到，在街上深情地看上来，只想看看她那扇窗口有没有灯。

她稚气地以为，她那天晚上说的话使你印象深刻。年轻总是自以为复杂的。

她也愚蠢地以为，你有一点喜欢她，才会半夜送她回家，不忍她一个人归去。

但是，信生，你并没有出现在我的窗前。

我害怕以后再也见不到你了。你会就这样把我忘掉。

我得要在你忘掉我之前再见到你。

我突然想到一个完美的借口。

16
§

你是不可能忘掉这一晚的。

我带着书来到你家里。

你的老用人来开门，她说你还没回来。我几近谀媚地对她微笑，告诉她，我有一本书要还你，我想在这里等你。

她让我进屋里去。

留下我一个人，她去睡觉了。

曾经有多少个女孩子这样等你回家？你的女佣也许早就不会大惊小怪了。

这一晚，我没有窥伺你的秘密。我太紧张了，只想快点见到你。

那本《格雷的画像》，我是多么舍不得还你。我希望你忘记我借走了这本书，那我就可以留着它。

然而，那本书是我见你的借口，我只好把它带来。

也许，当你见到我，你会像那天晚上一样，送我回家。也许这一次，你再不会忘记我，你会有许多话跟我说。

我坐立不安地等着你。

很晚了，你还没回来。

等待的时刻，我禁不住胡思乱想。我突然害怕，要是我把书还给你，我以后还有什么借口找你？

可是，我也无法带着书逃跑。我想见你，我是如此渴望你。

我意识到这也许是我最后一次见你了。

这时，我看向你的睡房，房间的门半掩着。我瞄了一眼厨房那边，确定你的老用人不会突然走出来。

我悄悄走进你的睡房。

我亮起床边的灯，坐到床沿，轻抚你的床单，翻看你放在床头的几本书。

我把我细瘦的脚穿进你摆在床边的一双黑色拖鞋里，感受你的余温，心中一阵幸福。

当这些都没法满足我时，我把脸贴到你的枕头上，想象你睡着的样子。

猝然之间，我不知道哪来的勇气，我把我身上的衣服一一脱下来，光溜溜地钻进你的被窝里。

夏夏常常说，男人都是经不起诱惑的。

既然你那么随便就把她带到床上，我为什么不可以呢？何况我拥有的，她并没有。

我拥有珍贵的清白之躯，从来没有男人碰过我。

我关掉床边的那盏小灯，拉上被子，手臂裸露在外面，躺在床上等你。

即使这是最后一夜，我也无悔。

我在黑暗中等待你，每一刻都比一天漫长。

你到底什么时候才会回来啊？

终于，我听到钥匙转动的声音。

我的心跳顿时有如擂鼓。

从睡房看出去，是没法看到大门那边的。

我看不见你的脸，但我知道是你回来了。

我听到轻轻关上门的声音。

我听到你轻柔的脚步声。

我听到你坐进那张扶手沙发椅里，发出舒服的叹息声。

接着，我听到你翻看报纸的窸窸窣窣的声音。

然后，这一切声音都静止了。

我听到你走向睡房的脚步声，一步比一步更接近我。

我闭上眼睛，全身发抖，毫不羞耻地等着你。

你进来了，坐到床边，伸手拧开了床头的那盏小灯。

灯光一瞬间照出了我的脸，也照出了你的脸。

我的脸颤抖着凝望你。

有一刻，你什么也没说。

你脸上却没有我期待的神情。你倏地站了起来，冷冷地问我：

“你在这里干什么？”

我鼻子发酸，颤着嘴唇没法回答。

突然，我觉得很羞愧。

你抓起我搁在床边的衣服丢给我，别过脸去，说：

“你马上穿回衣服离开这里！走！”

我的眼泪再也忍不住了，我在床上缩成一团，不停地哭，希冀你的怜悯。

你却生气地说：

“你再不走，我就把你扔出去！”

我从来没受过这种羞辱。

我匆匆穿回衣服，哭着冲出你的公寓。

我跑下楼梯，头也不回地奔下悄静的山坡。

回家的路实在太长太长了，仿佛走了三十年。

信生，这一晚的事我从来没有向任何人提起过，许多年来，它成了我心中最辛酸的回忆。

即使跟杜林一起时，我也没说。

17
§

你从不知道，我曾经跟他一起，因为，我不让他说，我也不让他告诉任何人。

因为，我从来没爱过他。

那是被你羞辱之后的某天。

学校开课了，夏夏早就把你抛诸脑后。我本该恨你，可恨的却是我没法恨你。

我活得像行尸走肉那样。我不想幸福。

后来有一天，我在街上碰到杜林。

我没认出他来，是他认出了我。

他看到我憔悴落寞，为情所伤的眼神，提议请我去喝杯咖啡。

跟他喝咖啡的时候，我老是找机会打听你的事。我对他毫无兴趣。我只想听你从前在学校里的轻狂往事。我想听他口中的你。我想知道你的一切。

从咖啡店出来，已经很晚了。他问我要不要去看看他的画。

我看得出这个男人喜欢我。

他是我认识的跟你最亲近的人。他也是我跟你唯一的联系。

我已经没有什么可以失去了。

我跟着他回去他的公寓里。

他只念了一年建筑，就跑去当画家。那也是他潦倒的原因。

他兴致勃勃地谈论他那些画，一次又一次窥看我的脸，期待从我脸上看到崇拜和仰慕的神色。

他画的画，没有一张比得上你画的那张年轻女人的画像。

然而，那天晚上，我留下来了。

他是个好人。

他珍惜我。

他教我很多，关于建筑，关于艺术。

他毫不介意地告诉我，你常常在金钱上给他帮忙。他并不感到难堪，反而跟我说，艺术家成名前都是这样的，凡·高有一个一直接济他的好弟弟，而他有你。

我曾经以为，我只会因为爱一个人而伤心，但我错了。

当我不爱一个人的时候，原来也会伤心。我为自己伤心。

跟杜林一起那两个月短暂的日子里，我总是感到伤心。我在他身上看到的只有你，我会悄悄拿他的一切跟你比较，然后发现，他永远都不可能跟你比。

为什么爱上我的是他而不是你？

一天，当他回到家里，悠闲地脱下脚上那双肮脏的皮鞋，我看到他的毛袜穿了个洞，大脚趾露了出来。

我再也受不了了。

我从他身边逃跑，没回头过。

18

§

离开他以后，一天，我又到你贝露道的公寓去。

我没进去你屋里。我猜想你的老用人这一次不会再让我进去了。上一次，我走了之后，你也许狠狠骂过她一顿。

我每天都坐在五楼的梯级上，眼睛俯视着你四楼的大门，想等你回来，想看看你。

一连许多天，我并没有看到你，只看到你的老用人出去买东西。

你说不定出门了。

我还是天天到冰凉的楼梯上等你。

那时候是寒冬，我冷得直哆嗦，生怕你回来的时候，我睡着了。我不要睡，我不时站起身，搓揉着冷冰冰的手等你。

终于有一天，我听到你沉甸甸的脚步声。

我连忙躲在楼梯的拐角偷看你。

真的是你！是你！你拎着一个行李箱回来了，身上穿着长大衣，一身旅尘。

我一直等你。然而，看到你的时候，我却又胆怯了。

我甚至害怕被你看到，我没出息地躲了起来。

等我听到你关门的声音，我悄悄走下楼梯，望着那扇已经关上的木门，后悔自己的胆怯。

我的手轻轻抚过你刚刚摸过的门把，带着你的余温，走到公寓下面。

我仰起头看向你的窗口。我看到你屋里的灯亮了起来。

有许多天，我都在夜里回来，偷偷站在同一个地方看着你的窗口。直到你的灯熄灭了，我才肯离去。

我要一直看到自己死心。

可是，我却愈看愈想念你。

那个刮着冷风的二月夜晚，我重又坐在五楼的楼梯上等你。

我决定了，我要向你倾诉衷情。

我又再一次怀着卑微的希望等你。

大概是半夜吧，我终于听到上楼梯的脚步声。我站起来，心情激动，准备冲向你。

脚步声愈来愈近了。

但你不是一个人，你带了一个女人回来。她钩住你的手臂。我听到你们快活的、挑逗的笑声。

我看到她跟你一起进屋里去了。

你会爱上许多女人，就是不会爱上我。

我泪眼蒙眬，蹒跚地走下楼梯，经过你的门口。这一次，我没有用我冰冷苍白的手去轻抚你开门时摸过的那个门把。

我离开你的公寓，没抬头看过那扇窗。

我一直到二十年后才回来。

19
§

没有了你，我什么也不要。

我没考上大学。

我的大学入学试成绩糟透了。

我靠着对你仅有的回忆来折磨自己。你给我的，只有很少很少，我却把所有微小都扩大，第一次见到你，第一次在你家里听到你弹《夜曲》，第一次自个儿在你家里等你，最后一次在冰凉的楼梯上等你，最后一次在冷冽的风中抬头看向你的窗子，还有那一次，你送我回家，只有你和我。

如此细碎的回忆，我却千百次重温，不让自己快乐。

夏夏到美国留学去了。我们在机场分手时相拥着哭得死去活来。

我哭的是离别，既是我跟她的离别，也是我跟你的离别。

头一年，她写了许多信给我，我回的信却愈来愈少。我的秘密是无法说与人听的，何况是她！

你这个成吉思汗出现的那天，我们的西夏就已经灭亡了。

渐渐地，我们不再通信。

后来，我在一家画廊找到一份工作。

因为你喜欢艺术，我也爱上了艺术。

那段日子，有好几个条件很好的男人向我献殷勤。

我变了，变漂亮了，不再是那个瘦骨伶仃又害羞的女孩。

我不稀罕那些热烈地追求我的男人。对他们来说，我是那么冷漠，好像我不需要爱情似的。没有人知道，那是因为我的心永远为你封锁起来了。

然而，这反而成了我致命的吸引力。

多么可笑啊！当你愈不在乎，你却得到。

在画廊工作了几年之后，我遇到一位富有的建筑商。他比我大了三十年，而且有家室。

我成了他包养的情人。

我住在一幢漂亮的公寓里，我要什么，他都会给我。

我知道，假使我要他离婚娶我，他也会答应。

但我从来没有这样要求过。

我不想幸福。

要是不可以嫁给你，我也不想嫁给任何人。

他是个聪明人，一起的日子里，我从他身上学了很多，是书上学不到的，所有关于建筑的，即使是细微末节，我全懂了。

我想学画，他就给我找来最好的老师。

我想学钢琴，他也把最好的老师找来。

他常常带我出国。在国外，我逛的不是百货店和时装店，而是博物馆和画廊。我认识了许多顶尖儿的艺术家。

所有你喜欢的，我都去学。

那时候，我并没有想过会跟你再见。我只是想要成为你。我知道这听起来很荒谬，但我就是要用这个方式来爱你。

我也买了许多珍珠首饰，因为你说过珍珠最好看。我的收藏中有些是很昂贵、很罕有的珍珠。但是，它们没有一件是不可以失去的，因为这些都不是你送的。

20

§

二十年来，我一直搜集你的消息，只要报上提起你，不管是一篇访问，或是短短几行的报道，我都会小心地剪存下来。

我订阅建筑艺术的期刊，为的也是不要错过任何关于你的消息。

只要是你设计的建筑物，不管是在任何一个城市，我都会一再回去品味。我甚至轻抚那儿的每一块石头。

你一直都在我心里。我的回忆从没老去，反而一天比一天鲜明。

我总是梦想有那么一天，我们会相见，你或许会爱上现在的我。我不是说过，我变漂亮了吗。

曾经有两次，我见过你。

第一次，是在一个舞会上。我和那位年老的建筑商结伴出席，我在挤拥的宾客中看到你。你一如往昔，依旧那么迷人。那天晚上，许多女人都偷偷地注意你。

那年，你是三十七岁吧？在你身边的是一个年轻貌美的女孩子，看起来只有二十岁。

第二次见到你，我是在我的车上。

那天，我的司机送我回家。

当车子经过一家华丽的餐厅的门口时，我看到了你。你刚从餐厅走出来。

那年，你是四十二岁吧？

你还是那么潇洒，一点都没变。你手里牵着一个女孩子，这一个同样不会超过二十岁，娇嫩得像一朵盛放的鲜花。

两次的相遇，你都没看见我。

第一次，我本来可以走上去跟你打个招呼。第二次，我本来可以叫司机把车子停在你面前。

我没有这样做。因为，在我那位年老的情人眼里，我是那么年轻，然而，跟你身边的女孩子比较，我却老多了。

我终于明白男人为什么爱慕青春。

人世间唯有青春。它是一种天赋，你不需要做什么也能拥有。然而，当它要消逝，你无论做什么也留不住它。

我说过，我很漂亮。

可是，愈是漂亮的女人愈是看到自己身上最微小的变化和最无情的岁月。

那一年，我三十七岁了。

当我三十七岁的时候，我拥有的一切，是我十七岁的时候没有的。

然而，我也已经不是十七岁了。

我会一天比一天衰老。即使再见，你也不会爱上我了。

我心中悲伤莫名。

我身边那个男人看到我的模样，加倍地怜惜我。

假如我跟他要天上的月亮，他也会摘下来给我。但我要的，是他没有的。

我想要你，而我知道，我这一生再也得不到你了。

直到四月的一天夜晚，我的司机从音乐厅接我回家。我刚刚听完一场钢琴演奏，那位钢琴家弹的是肖邦。

我所有的《夜曲》都是为你而听的。我又再一次想起你弹《夜曲》的那天。

“我在这里下车。我想走路，你先回去。”我跟我的司机说。

我下了车，满怀忧伤，孤零零地走在热闹的夜街上，一张张年轻的脸孔迎面而来，从我身旁走过。

我漫无目的地在街上乱晃。

我无意中在天琴路上发现一家画廊。

我以前也来过这一带，却从来没见过这家画廊。

这家画廊跟别的画廊很不一样，很波希米亚。店面小小的，要不是橱窗里摆着一张人像画，我根本不知道这是画廊。

那扇门是铁造的，门上镶着一只小小的方形的玻璃窗，我踮高脚隔着玻璃窗看进去，里面灯影朦胧。

这时，门突然从里面拉开来，把我吓了一跳。

21
§

开门的是一个穿着黑色礼服的老男人。他很老很老，佝偻驼背，那张哭丧似的脸堆满一层层皱纹。我好像从来没见过这么老的人，他看来至少也有一百岁，甚至有一百二十岁。

他没起伏的声音对我说：

“请进来参观。”

我身不由己地走了进去，他在我身后把门带上。

“请随便。”他的声音有点令人不寒而栗。

画廊狭长，好像看不见尽头似的，面积比我以为的要大得多。从外面看进来，根本看不出。

我一步一步往前走。店里摆着的全是人像画，每一张画的主角都是年轻漂亮的男人或是女人，穿着久远而古老的服饰，眼睛周围没有一丝皱纹。

二十年间，我看过无数的画，我几乎懂得所有流派和风格。即使是新晋的画家，我也认得出来。然而，这家画廊里摆的画，我完全看不出是出自哪一位画家的手笔。

我心里想，到底是哪一位新晋的画家，竟然拥有这么不凡的功力？

当我转头想问问那个老人时，却不见他了。

我只好独自继续看下去。

忽然之间，当我抬起头时，他竟然无声无息地站在我面前。

“请问这些画是哪一位画家画的？”

“都是玫瑰夫人画的。”他用平板的声音回答说。

玫瑰夫人？我从来没听过这个名字。

他突然问我：

“夫人就在画室里，你要不要见她？”

我的好奇心驱使我点头。

“请跟我来。”

他在前面带路。我跟在他后面，走下一条铺着木地板的狭长楼梯。我没想到这家画廊是有地窖的。他步履蹒跚，走路摇摇晃晃的，好像随时都会倒下去。

我们穿过一条长而幽暗的走廊，走廊的每一边都有一个房间，左边的房间摆了许多木造的古典画框，几个男工默默地在那里为画框上漆，那些工人看起来就跟走在前面的那个老人一样老，全都愁着一张脸。右边的房间里有几个女工在裱画，她们也跟那些男工一样老，每一张皱脸都带着哀伤。

这里的工人怎么都这么老啊？

我猜想，那位玫瑰夫人说不定有一百四十岁。

走了一会儿，我开始闻到一股甜腻的花香味儿。

当那股味儿愈来愈浓重，我终于来到走廊尽头的画室。

偌大的画室中央有一个直立的画架，上面的画布是空白的，旁边一张铺了红绒布的桌上散满了画笔和颜料。

画架后面摆着一张高背扶手的丝绒椅子，房间里插满了紫丁香色的玫瑰，一小朵一小朵的，开得翻翻腾腾，怪不得那么香。

我从来没见过这种玫瑰。

我正想回头去问那个老人玫瑰夫人在哪儿，但他已经不见了。

我走到桌子那儿，拿起画笔看了看，心里觉得奇怪，那些都是很古典的画笔，好像已经用了好几个世纪，现在是买不到这种笔的。

玫瑰夫人应该真的很老很老。

我放下手里的画笔，转过身去的时候，一个女人已经站在我面前。

她到底是什么时候进来的，我完全不知道。

她一点都不老。相反，她年轻得很，看上去只有二十三四岁，身上穿着一袭波希米亚式的红丝绒裙子，右手无名指上套着一枚嵌了月牙形红榴石的戒指。

她美得惊人，一双深黑的眼睛好像会把人的灵魂吸走似的。

“你想见我？”她说，声音好像来自远方。

“外面那些画是你画的吗？”我惊讶地问。

那样的功力，不可能是出自一个这么年轻的女子之手。

然而，她点了点头，说：

“是我画的。”

“画里的人都很美。”

“而且还很年轻。年轻总是美好的。”她看我的方式，好像已经认识我很久了。

我伤感地同意了她的看法。

“哦，是的。”

我又问她：

“那些都是你的客人？”

她的眼睛在观察我，回答说：

“是的，我都是应他们的要求画的。你想我替你画一张吗？”

我黯然说：

“我没那么年轻。”

她在桌上拿起一支画笔，说：

“那要看我怎么画，那些人本来也没那么年轻。”

“是你把他们画年轻了？那就不是本人了吧？”我摇摇头说。

她意味深长地说：

“我没有把他们画年轻，是他们变成我所画的那个样子。”

一瞬间，我惊住了。我似乎明白了她话里的意思。

“坐下。”她看了一眼那张红丝绒扶手椅，吩咐我说。

信生，我做了一个抉择。

我毫不犹豫地坐到那张椅子里去。我并没有被迷惑，我是自愿的。

我想变年轻，那样的话，我们再见的一天，或许有一丝机会，你会爱上我。

为了你，我什么都不怕。

“你很漂亮。”她说，“要是年轻一点，你会比现在漂亮。”

在那个画室里，时间仿佛是不存在的。

我不记得我到底在那儿待了多久。我想起跟你相识的那天，匆匆在你的书架上抓起来的那本《格雷的画像》。故事的主角格雷俊美无比，画家把他的样子画在一张画布上。从此以后，画像会衰老，格雷却永远年轻。直到有一天，格雷用一把刀毁了那张画像，画像里那个又老又丑的男子重又变回年轻美丽，格雷却老朽不堪，死在自己的刀下。

我突然明白了命运那深沉的伏笔。

那一天，我为什么刚好会拿起那本书？

早在二十年前，我已经注定是你的，只是我必须苦等二十年。

22
§

“行了。”玫瑰夫人搁下手里的画笔说。

我从椅子上站起来，战战兢兢地把脚步挪到那张画前面。

画中的女人就是你后来见到的我。

“现在回去吧，西西。”玫瑰夫人对我说。

我吃了一惊。她是怎么知道我叫西西的？我从没有向她透露过。

她脸露一丝诡异的微笑，说：

“这张画留在这儿吧，你总有一天会回来。”

我满腔疑惑地走出那个飘着玫瑰花香的画室。走到门口时，我猛地回头，玫瑰夫人仍然站在那儿看着我。她没有像那个佝偻驼背的老人那样，突然飘走了。

“这些是什么花？”我看了看满室的玫瑰，问她。

她的眼睛发出一道魔幻似的光芒，告诉我：

“你不知道吗？他们有个很美丽的名字——昨日。”

我从画廊出来，看看手表。我进去的时候，约莫是晚上十点半钟。然而，我出来的时候，手表的指针仍旧停留在十点半钟，日子并没有改变，时间似乎不曾流逝。

23
§

回到家里的第二天，我脸上什么变化也没有，我开始怀疑，那是一个恶作剧。

我不禁责备自己的愚昧，我竟然相信那么不可能的事。

然而，到了第三天，我的身体渐渐起了变化。我的皮肤好像一天比一天变得光滑，我头顶那几根白发消失了，眼睛周围的小皱纹也不见了。

就连我身边那个男人也察觉到了我的变化。

一天，他对我说：

“你这几天好像变得容光焕发啊！那便好了！我一直担心你，你这大半年来都很少笑。”

我的乳房又回复到几年前那种尖挺，我的眼睛比任何时候都要黑亮，我的脸色也不再苍白。

一天早上，我一觉醒来，觉得整个人都变轻盈了。

我走到浴室，在镜子中看到一张熟悉却久违了的青春脸庞。

我依稀记得，那是二十岁的我。

我变成那张画里的人了。

我留下一封信给他，带着我的东西离开。

我在信里跟他道歉，告诉他，我想要过另一种生活，感谢他给我的一切。

我搬到另一个地方安顿下来，买了一堆新的衣服，那些衣服全都是我二十岁的时候拥有青春的本钱去穿却买不起的。

我等待着跟你重逢的日子。

四月底的那一天，我终于回到这里，回到我二十年来魂牵梦萦的地方，回到我十七岁那年痴痴地守着的那扇窗户。

以后的故事你都知道了。

24

§

一连许多天，我站在你贝露道的公寓外面，希望会遇到你。

第一天，我来早了。你还没回来。

我抬头仰望你的窗子，回忆又再一遍袭上心头，你终究是我的归乡，不管走得多远，我的心从没离开过。

那天，我一站就是几个钟头，始终没等到你回来。

第二天，我来晚了，你早已经回家。

我满怀思念抬头看向你的窗户，屋里亮着灯，那幽微的灯光就跟二十年前一样，从未消逝。

我等了一晚，你都没出去。

你有好几天足不出户了。

那是你最失意的一段日子。你本来是一幢摩天大楼的建筑师，由于你坚持不肯修改大楼顶部的设计，那幢大楼的主人竟然临阵把你换掉。以你骄傲的个性，你怎受得了这种羞辱？

那几个晚上，我在楼下一直待到你屋里的灯熄灭了才回去。

不管你得意或失意，我都渴望陪在你身边。

终于有一天，我看见你了。

那天傍晚，我正仰头望着你的窗子。这时，我看到你走下楼梯，我心弦一颤，全身的神经都绷紧了。

我看见你，我的目光抚过你的脸庞。岁月多么厚待你啊？你还是我的青春梦里人，一点都没变，还是像我第一次见你时那么英俊潇洒，只是眉宇间多了一份成熟，这反使你更好看。

你的眼睛下意识地看了我一眼，情不自禁地凝视着我。

你还是你，始终被年轻漂亮的女孩子吸引。

我走向你，投给你一个微笑，假装困惑地问你：

“先生，请问这里是不是贝露道七号？”

有一刻，你的目光带着些许疑惑，好像看到一个似曾相识的人，却又记不起是谁。

你盯着我看了一会儿，没认出我来。

纵使你记得二十年前那个被你拒绝的少女，你也不可能认为是我。因为，过了二十年，我竟然没长岁数。

“对，这儿是七号。”你温柔地回答我。你总是用你多情的目光迷惑女孩子。

我把预先准备好的字条拿出来给你看。

上面写着“贝露道七号七楼B室”。

“那就奇怪了。”我说，“我找不到七楼。”

你又送给我一个温存的微笑，告诉我：

“我在这里住了二十年，这里只有六层楼高，从来就没有七楼。”

我咧嘴笑了：

“二十年前，我才刚出生。”

你脸露腼腆。我还是头一次在你脸上看到这种神情。

“对，我很老很老了！有九十岁。”你自嘲说。

“噢，我不是这个意思。”我抱歉地笑笑，“也许是地址写错了，算了吧，谢谢你。”

我装出一副无奈的神情，想要拦一辆出租车离开。

我心里祈祷着：

“留住我吧！留住我吧！”

“你去哪里？”你问我。

我回过头来，讶然望着你。

“我正好要开车，我送你吧。”

你还是那么会勾引女孩子，由始至终都恋慕青春少艾。

我在车上告诉你，我是从英国回来的。那个地址是我爸爸给我的，他要我来探望一位他住在这里的旧朋友。

“只有你一个人回来吗？”你问。

“是啊，刚刚跟男朋友分手了，想一个人散散心。这人太爱管束我，我受不了。”

“他是英国人吗？”

“是在英国长大的中国人，思想好像比我家里那盏十五世纪的古董灯还要古老。忠心是好啊！但是，忠诚的人只懂得爱情微不足道的一面，不忠的人才懂得爱情的不幸。”

有那么短短的片刻，你投给我惊讶的一瞥。

“这句话是王尔德说的吧？”我笑了笑。

“你是念英国文学的吗？”

“我念建筑，但是，我念了一年就放弃啦！我想念艺术！但我其实什么都不想做，我想这辈子画画算了！”

我很技巧地跟你谈到我喜欢的画家和建筑物。你告诉我，你是一位建筑师。

“我是乔信生。”你说，“我还不知道你的名字。”

“庄宁恩。”我说。

然后，你说，你本来打算一个人出去吃晚饭，问我有没有兴趣陪你这个“老头子”一起去。

我一听到“老头子”就觉得又好笑又难过。

我其实没比你年轻多少，我的心也因为思念而老去。

25
§

我们在一家精致的法国小餐馆吃饭。

你点了一瓶红酒，我们就像一对认识很久的老朋友那样谈得很投契。我巧妙地投你所好。我知道你喜欢哪些书，哪些画，哪些建筑，哪些音乐。你忘了吗？我一直努力想成为像你一样的人。

我发现你惊讶的目光一次又一次投向我。在你的经验里，一个年仅二十岁的女孩是不可能拥有这种识见和聪明的。你那些二十岁的女朋友，会的仅是唱歌和跳舞，顶多会念几句法文。

然而，你却看不透我。

你从来没有遇过一个二十岁的女孩像我。

我一次又一次避开你迂回曲折的探问。我提到我曾经恋上我的一位老师，他是个很有学问的英国人，年纪比我大很多，也教了我很多。

十七岁的我，总是想用我的纯真来唤起你的爱情。三十七岁的我，却会用我多姿多彩的情史。

你总是爱上那些跟你一样游戏人间、信奉自由的女人。

你那天把我从你的床上赶走，不是因为你不想要我，而是你不想伤害我。你对我手下留情，因为你知道我跟夏夏不一样。

天晚了，我们起身离去。

送我回家的时候，你吻了我。

那本来只是一个轻轻的吻，你含情脉脉地跟我道别。

然而，我的嘴唇却颤抖滚烫地回吻你。那不是欲念的吻，而是我苦等了二十年的吻。我几乎想把二十年的衷情一下子对你的双唇全盘倾吐。

你再一次露出困惑的眼神看我。

从来没有一个女人这样吻过你吧？

我退后一步，咧嘴轻笑，跟你道了再见。

你一向好奇又受不住诱惑。

我知道你会回来。

26
§

二十年前，我不懂男人，不懂爱情。

二十年后，我全都懂了。

约会的时候，我总是朝你投向仰慕的目光。

虽然你从不在女人身上缺少这种目光，但是，我跟她们不一样。我太爱你了，我搜集你的一切，我等于是从“乔信生大学”毕业的。

你会发觉，我拥有超过我年龄的智慧与风情，却又比你小了二十五岁。

我们聊起天来，像一对双生儿那样。

我的仰慕并不盲目，我喜欢你喜欢的东西，但我又总能够说出自己的理由。

我还故意傻气地对你说：

“有时我觉得自己很老啊！”

你笑了：

“只有年轻的人才会说自己老！”

一天晚上，我们吃完饭。你牵着我的手，问我要不要来你家看看。

“好啊！”我几乎是脱口而出。

我重又踏上那道水磨石铺成的宽楼梯，那种感觉是你永远不会明白的。

这些楼梯曾经在无数个夜里陪伴着孤零零的我等你回家。

一个年轻的女佣来开门。你的老用人说不定退休了，或者不在了。

暌别二十年，我又回到这个地方来。

一切都没有改变，所有东西还是放在原来的位置，只是又多了一排书架。

我走到客厅那张绚烂的油画前面，看着画中那个一头红金发，手托着腮，活泼地凝望远方的年轻性感的女子。我看了很久，问你：

“这个女人是所有你认识的女人拼凑起来的吗？”

你惊讶地笑了。

我东摸摸，西摸摸，客厅里的每样东西，都跟我十七岁那年一样。

然后，我坐到那台钢琴前面，掀开琴盖，问你：

“你会弹哪首歌？”

你坐到我身边，温柔地问我：

“你想我为你弹哪一首？”

“《夜曲》。”我想也不用想就说。

“我很久没弹了。”你说着双手抚过琴键，多情的目光不时看向我，为我弹了那首我想念了二十年的曲。

我情不自禁地把头靠向你的肩膀，请求你：

“再弹一遍好吗？”

那个夜晚，我一直待在你身边。

当你拥着我的时候，你似乎惊愕地感到我全身一阵震颤，那是我灵魂的呐喊，远比情欲去得更深。我努力不让自己哭出来，免得你看见我掉下幸福的眼泪。我曾经苦等一艘不会回来的船，船归航了。我用尽我的气力抓住你的胳膊，把埋藏在心中二十年的激情一股脑儿地向你倾泻，那是任何一个男人都抵挡不住的。

你抱着我入眠，我静静地倾听你起伏的鼻息。

信生，二十年来，那是我最幸福的一天。我终究还是掉下了眼泪。

27
§

我不知道我是不是第一个留在你家里过夜的女人。

我也不知道我是不是第一个你把家里的钥匙用一双手送上来，要我收下的女人。

但我肯定是第一个你会把家里的一个房间改建成画室送给她的女人。

于是，我可以每天待在我的画室里画画，等你下班回来，陪你吃饭，陪你聊天，陪你听你那些音乐。

一天，我在画室里画画，你提早下班回家，静悄悄地走进来搂住我，给了我深情的一眼。

我以前从没见过你这种眼神，你自嘲说：

“我一定是疯了。我以前从没试过工作时一直牵挂着一个女人，只想马上跳上一辆车，飞奔回去看看她的脸。”

信生，我一直都爱你，爱你是我的天命。

但是，你从来就没有爱过别人，我不知道你会爱我多久。

你终于爱上我，是因为你感到自己没那么年轻了吗，还是因为我是在你失意的时候出现？

你爱的是我，还是你逝去的青春？

人太复杂了，永远不会有答案。

然而，要是没有你，我的青春只是虚妄的日子。

28
§

跟你一起的每一天，我都当作节庆来度过。

一天，你一回到家里，就兴奋地告诉我，你将会成为海边那座歌剧院的建筑师。

设计歌剧院一直是你的梦想。你像个孩子似的把我抱起来，说：

“你真是我的幸运女神！”

从此，每一天都是双重的节庆。

你在书房里画草图的时候，我在画室里画画，你画好的草图总要拿给我看看。

我怎会懂得比你多？我懂的那些，全是我拼命学回来的，你拥有的却是天资。

然而，你总是说，只要我看看，你便安心。

那座漂亮的歌剧院仿佛是我们共同的心血。你把它的顶部设计成圆形，我想象它是我们的泰姬陵，见证一段亘古的爱情。

可惜，我没能陪你等到这一天。

这阵子你忙着歌剧院的事，你没注意到，我却注意到了。

我的脸和我的身体起了轻微的变化。

玫瑰夫人曾经对我说：“你总有一天会回来。”我早就应该明白那句话的意思。

这个时刻终于到来了。

这两年，是我一生中最幸福的日子。我度过了许多无所悔恨的时光。

你送我的珍珠项链、珍珠手镯，还有耳环，我带走了，这些都会跟我对你的回忆一起陪着我。

当你送我那双耳环时，我曾经很小家子气地在心里跟你以前送给夏夏的那一双比较。你送我的这一双是漂亮许多的。

那本《格雷的画像》，我放在你的书架上。你说过，借你的钱可以不还，借你的书一定要还。我没忘记，只是迟了二十二年才还。

信生，不要试图去找我，你不可能会认得现在的我，也不可能会爱现在的我。我们余生都不会，也不要再见了，只要记着我年轻的模样，不是更好吗？

那些玫瑰是给你的，生日快乐！

我爱你比你所知道、比你所感觉到的要多很多。

宁恩

乔信生战栗地放下手里的信，他的目光落在客厅那些玫瑰上，这种他以前没见过的花是紫丁香的颜色。他想起信里提到的那种玫瑰，名叫“昨日”。

他颤抖着从扶手椅上站起身，走到书架那边，看到了一本《格雷的画像》，书已经很旧了，书纸都发黄，他突然感到心中一阵寒意。

这时，画室的门被一阵风吹开了，他走进去，里面没有人，只有她留下的几张未完成的画。

风从敞开的窗子灌进来，他走到睡房，只有窗帘飘动。

他冲出屋外，奔下那道水磨石楼梯，上了车。

他把车停在天琴路，从路的一头走到另一头，又往回走，没看到这条路上有画廊。

天色已经晚了，他走进每一家商店去问人，这里是不是曾经有一家画廊？大家的答案都一样，从来没有人在这一带见过什么画廊。

他拦着过路的人问同一个问题，没有一个人能够回答他。

他在附近乱逛，想找她在信里说的那家很波希米亚的画廊，想找那扇镶着一个小窗口的铁门。

他抓住路人，问他们有没有听过玫瑰夫人的画廊，每个人都问他："谁是玫瑰夫人？"

他哭了，呼喊着她的名字。

后来那些漫长孤单的日子，他常常独自坐在她的画室里，往往一坐就是几小时，他想替她把那些未完成的画都画完，却从来没有拿起过画笔。

29
§

离那一天已经三十三年了，乔信生在睡房那面镜子里，眯着皱褶的眼睛，看到一个老朽不堪的身影，他感到自己已经很苍老很疲乏了，跟生命中最好的年华相去很远。

他从窗子看出去，想起无数个孤寂遥远的夜晚，曾经有一个十七岁的少女、一个二十岁的女孩子和一个三十七岁的女人从下面看上来，直到他房间里的灯光熄灭才离开。

她们是同一个人。

这时，用人来告诉他：

"白小姐已经到了。"

他吩咐说：

"请她在画室等我。"

他整了整脖子上黑亮的领结，在白衬衫外面套上黑色的礼服，拄着一根拐杖，蹒跚地走出睡房。

他走向画室。

那位从法国归来的知名画家要为他画一张人像画，纪念他这位伟大的建筑师——矗立在海边的那座歌剧院的设计者。

他进到画室，看到画家时，他眼露出惊讶的一瞥。

这位画家比他想象的要年轻，看起来顶多只有二十五岁。她长得很美，身上穿着一袭深蓝色的丝绒长裙，耳垂上钉着一颗吊下来的珍珠耳环，在她脸庞两边晃动，那双深黑的眸子仿佛从另一个世界看过来。

画家这时恭敬地喊了他一声“乔先生”，然后请他坐到前面一张扶手椅里。

画室的画架上已经摆好了一块画布。

他颤巍巍地坐到椅子里，椅子旁边的琉璃花瓶里插满昨日的紫红色玫瑰，这位画家的名字也叫玫瑰，白玫瑰。

他把手里的拐杖搁在一边，试着挺起脊梁。

画家晶亮的双眼不时从画板后面带感情地看向他。她看他的方式，好像很久以前已经认识他了。有那么一刻，他觉得前世经历过这一幕。但他太老了，许多记忆已然枯萎。

他想起今天是他八十岁的生日，他心中再无波澜，也说不上伤感，只是觉得，人为什么要活到那么老啊？

唱盘上摆了一张肖邦的钢琴曲，《夜曲》在屋里流转萦回。这时，一阵过堂风吹过，他仿佛听到往事的呢喃和幻灭的叹息，重又看到一个遥远的夜晚，那个青涩的少女可怜地裸身躺在他的床上，等待他的召唤和恩宠。

她却是他一生的救赎。

Chapter 06

爱・未完成

有一种爱，

是被尘封的日记本，

来不及完成的拥吻，

曾绕过他耳郭的微微春风，

注定说不出的秘密，

有一种爱，永远未完成，

只好以时光的文火慢慢熬，

把红豆熬成缠绵的伤口……

蓦然回首

by

从虫

I loved you,
even now I may confess,
some embers of
my love their fire
retain.

她曾经以为他们一度相爱，
心意相通，
而实际上，
岁月给所有人安排的
都是一个人的牢笼，
可以凝望对方
而最终擦肩而过。

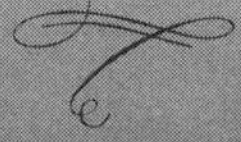

在黄昏时回到鼎城，天阴着，乌沉沉的暮色越来越浓，汁液一样浸着人和车。风吹过路边成排的柳树，枝条飞舞，节奏凌乱。简南桑看着逐渐朦胧的窗外，视线穿透了当下的时间，看到十四岁的自己，随着搬家的卡车来鼎城的那个晚上，深秋夜色已冷，她裹一件军大衣缩在沙发上，沙发周围家具林立。她的脸被夜风刮得生痛，落难公主一样，委屈又高贵地打量着这陌生的小城。简南桑不禁对那时的自己说：“别怕。”很快就得到了脆快的回答：“我才不怕！”她知道十四岁的自己多么急于否认一切感受，装出一副什么都无所谓、什么都不怕、什么也不信的样子，用这种样子去对抗生活里发生的一切变化，仿佛什么也不能伤害她。

林山那群人守在宾馆门外，车停下，他们脸上露出早已准备好的笑容，那笑容太娴熟了，以致简南桑真的笑了。她笑起来还跟当年一样，满脸严肃消散下去，露出两排雪白的牙，左脸有个浅淡的酒窝。林山说：“你真是一点儿也没变哪。”他肥厚的手轻拍了一下简南桑的肩，她很快地躲了。林山又说了一句；“你真是一点儿没变。”话音里带了嘲讽。简南桑知道原因，当年鼎城里的同学都叫她刺猬，谁也靠近不得。除了一个人——陈程。

林山变了很多，豆芽菜式的男生，现在成了粗壮敦实的中年人，满口欢迎老同学荣归故里之类的官话，话太稠密，弄得场面很热闹似的。简南桑多看几眼他的脸，才能掘出当年害羞单薄的模样。那时，林山被老师点名回答问题，口吃半天，才低声说不会。全班同学都替他出汗，觉得老师逼问这样的人简直残忍。想来年少没有见识，谁知道时间会把他催化成这么一位八面玲珑的公务员呢？

接风饭局跟所有饭局一样无聊，充斥着虚假的恭维、浅黄色段子和“不喝就是看不起我”的劝酒声。简南桑不断地告诉大家自己不喝酒，是真的不喝，一次次挡住各种敬酒，林山出头喝了几轮，大家就说真是同学情谊不一般哪。林山带着醉意说我挺想不一般的，引来含义丰富的笑声。本来男女事就是最好的下酒菜，鼎城风气也不例外。简南桑那届的毕业散伙饭吃着吃着就成了表白大会，男生们争先恐后地灌自己酒，醉了比较有胆量，敢喷着酒气抢起麦克风说某某某我喜欢你。少年心事与假装的醉汉蠢得不相上下，某某、某某某和简南桑，我喜欢你们。是的，这是当年的林山，十八岁的时候说过的话，那时他身高一米七五，体重一百一十斤，怎么看也不会想到十多年后，他变得跟自己的爸爸一模一样。说话时的官腔和粗壮的躯干被忠实地复制，只是他的职务没有爸爸高。不过谁知道，也许五十岁时，就可以爬上去。

“林山，你跟以前不一样了。”简南桑想了很久，才找出这么一句可说的话。林山把筷子里的鱼肉放回到碗里，说：“有什么不一样，我那时喜欢你，现在还是喜欢你。”

这样的话激起了一阵怪声叫好，跟饭菜味混在一起，瞬间消解了中间十几年时间的重量。简南桑心生厌恶，挑起的一小勺酸奶又搁回去，努力克制着脸色才没有异动，只是别人看起来觉得她更冷淡了些。林山跟四周的人一起大笑着说：“你们看，她就是这样，以前她就那么骄傲，我就说她一点儿没变。”

简南桑走进鼎城三中时，心里充满的不是骄傲而是迷茫，但她一贯地板着脸，长长的浓眉下眼睛常眯着，瞪起来才能看出是猫儿似的圆眼睛。短短头发的她混迹在男生群里，不仔细看完全没有区别，以为瘦削沉默的她也是个青春期的少年。

那群少年里，最好看的一个是陈程，五官秀美，浓黑的头发过了耳朵，最严厉的风纪老师都不忍心训斥他，只说了一句让他去理发。理成平头的陈程焕发出别样的清俊，当年班里的语文课代表刘笑然就在课间闲聊时直接说了出来："陈程是我们班，不，是我们学校最漂亮的人。"不是男生，也不是女生，是最漂亮的"人"。这样的形容大家也都接受了，似乎又觉得有点儿形容不够。他的美如同他的死一样，给人留下无与伦比的深刻印象。简南桑是陈程的朋友，唯一的朋友，很多人说他们谈恋爱，但他们的接近就像两棵树无意中长在了一起那么自然，清洁明亮的气息丝毫没有受到荷尔蒙的污染。

陈程说他喜欢过一个女生，简南桑还特地跑到隔壁班去看看，能被陈程喜欢的人是什么样子，结果大失所望。那是个矮小瘦弱、满脸只有一对大眼睛的小姑娘，传说全班随便什么人都可以欺负她，眼里长久地带着惊恐。很多年后简南桑才明白陈程为什么喜欢这个女孩儿，当然并不是因为她后来居然考上一所大学的表演系，时常在电视剧里露脸，让全鼎城三中的同学都大呼没看出她会变得如此美貌。陈程喜欢她，应该是他破碎的内心投射在外面的世界，正好分成了两半，一半是受尽欺凌不敢还手的这种人，还有一半是简南桑这种谁也不放在眼里、敢在单杠上跟男生比试的人。他的心过早被撕裂了，如果换了别人，可以随便填点儿什么东西进去，但是陈程不肯，他宁可去死，一个人走上了漫无尽头的路。他把问题留给了简南桑，让她遭遇了比搬家来鼎城时更大的黑暗。

杯盘狼藉，散场时林山紧紧挨着简南桑，粗重呼吸里夹杂着酒臭，在她耳边低声说："这项目你们肯定落在鼎城吧？我可跟领导打了包票。"这一瞬间简南桑发现，其实他根本没有醉，不过跟散伙饭时一样，借酒壮胆，说几句不敢说的真话。简南桑拨开他那只又试图搭上她肩膀的汗手，冷笑一声说："谢谢你们的欢迎。"

外面已是深夜，深海吞没鱼群一样，掩埋了这些心事各异的中年人。简南桑第一次潜水时有深深的窒息感，这种感觉再次扑面而来，她觉得闷，胸口塞满石块，恨不得找到一个对手，把愤懑全部发泄掉，就像刚转学时在操场上那样。

之二 ……………

那次冲突很多三中同学记忆犹新。在这所重点中学里，对学生们最高的要求是勤奋和服从，他们的课间操做得整齐划一，教育局随时抽查都赞不绝口。每天都有三位体育老师到处巡查，他们穿黑色运动服，胸口挂一个银亮的哨子，偶尔发现动作不规范的学生，他们会短促地吹一声哨子，然后勒令这个倒霉蛋原地把这个动作重复几百次，直到十二分符合规范为止。别的学生听到了哨子声都不敢回头看，只是会做得更卖力，生怕这样的监督降临到自己头上。

戈老师始终没忘记简南桑，她给了他一个极大、极罕见的难堪。他早就看出这个女生做操的动作不对头，走过去默默地观察了一下，她连左右转体都反了，在全校集体里是个刺眼的存在。戈老师吹响了哨子，尖锐的声音吓了简南桑一跳，她茫然地继续做着错乱的动作，一边抬头看着戈老师。违反了规定后，标准的做法应该是立即立正站好，老师指出动作错误，然后按照老师的要求做够多少次。这是三中无人不知的军规，而简南桑是个刚来的转校生，她不知道也没有人让她知道这些繁复细致的规定。

戈老师大吼了一声："你，立正！"声音之大让周围的同学哆嗦了一下。简南桑很奇怪，她停下了，没有立正，而是瞪起了圆眼睛问："老师，怎么了？"这就违反了另一个规定，做操期间不许说话，即使是老师们交谈也要轻声细语才行。这句声音圆润的问话，惊动了周围不少同学，纷纷扭头看过来，这下把整个队形破坏得更严重了。

戈老师说：“第七节跳跃运动，做两百次。”他觉得自己十分慈悲，对女生手下留情。那女生却不买账，眼睛更圆了，还是问：“老师，怎么了？”戈老师说：“你的动作做错了！”简南桑说：“是吗，我不知道，我新转学过来，在我以前的学校就是这样的。”戈老师稍缓和了一下，说：“现在你就要按照新的动作去做！”简南桑说：“可以啊，但我得跟着学一下才能学会。我现在不知道新动作是什么样的。”她镇定的模样简直形同挑衅，戈老师按捺住微微的怒气，说：“你不会看周围的同学是怎么做的吗？如果你不会做就应该先学会再出来做操，不要影响别人！”简南桑干脆笑了：“课间操不是人人都要出来做的吗？我今天学到一些，明天再学一些，总会跟上同学们的。”

他们的对话吸引了周围同学的耳朵，对话的内容没有什么，那个新来的女生满不在乎，跟老师平等对话的劲头惊到了大家。张志天实在忍不住回头去看，陈程保持着姿势，也把耳朵竖起来，想听得更清楚。

戈老师不愿意再跟小女生争论，他说：“跳跃运动，两百次，现在就做，这是规矩。”简南桑提高了声音：“没有人告诉我这个规矩，也没有人告诉我到底怎么做跳跃运动。我再学一天一定学会，为什么要罚我？”

这是三中学生罕见的正面与老师对抗，周围起了一阵低低的耳语，另两个体育老师跑步过来察看。这时班主任王老师也来了，跟戈老师低声解释，说她是新来的，给一次机会就算了。戈老师说：“新来的更应该听话守规矩，无法无天了。”简南桑这时就在原地跳了几下，动作激烈。戈老师说：“你跳的这是什么？”简南桑说：“没有人教给我新的，我就按原来的样子做。你不是说两百次么，好，我给你做两百次好了。”

她湿漉漉的额发粘着额头，认真地一次次做着与三中课间操完全不同的动作，老师们被她的倔强搞得啼笑皆非。戈老师看到越来越多的学生扭头关注这件事，大踏步走过去喝令他们站好队形。王老师息事宁人，说：“好了好了！简南桑你够了，不要做了，今天下午你要跟体育委员学会课间操，咱们学校的操可是有名地整齐。”

简南桑停了下来，她没有随着班级的队伍走回教室，而是脚步迟缓地走到了别班的队伍里。别的同学为了躲她又互相踩了几脚，他们敬佩地看着她，看着他们中间终于出了一位战士，却不知道此时她可怜的自尊心快被太阳晒化了，身上的汗湿了干，干了湿，耳边只有一个声音：丢脸，实在太丢脸了。

就在那天，她的座位被调到了最后一排，班主任要表示出迂回的惩罚。在学校里，座位位置会体现出一种近似于“阶级”的感觉。简南桑收拾了书包走过去，坐下，把头埋在那些高高的书本和卷子堆里，直到有人轻轻推她的手肘。她抬起头来，陈程的脸太阳一样闯进她的视线，他很轻地说：“别哭了。”她说：“我没有。”陈程很仔细地看着她的脸和眼睛，简南桑也毫不示弱地看回去。陈程说：“你真的没哭？”简南桑说：“这有什么好哭的。”她下巴一扬，眼睛眯起来，好像把整个世界都从眼睛里挤压了出去，但太阳留了下来。陈程笑着，好像早就知道她是这么一个人。

后来的很多年里，简南桑总会在深夜里忽然把这个笑容从记忆里打捞出来，然后，她补上当年没有做的事——和他一起笑，笑得无忧无虑，模糊了这世界所有的悲伤。

之三 ……………

白天里的鼎城还是能看出这些年的变化，楼更高了，街道也更宽，树却少了。以前主路旁都是一色的老树，树荫遮天蔽日，现在统统换成了碗口粗的树，再加上一些蔫巴巴的花草。

这座工业老城，大企业纷纷改制，整顿，大批工人下岗，离开了原以为可以在岗位上退休的单位。以前最热门的工作是化工厂和冶金厂，补贴多的是，福利又好。现在只有公务员，所以林山有了连自己都不敢想象的自信，让他彻底变成了他爸爸，那个哼哼哈哈打着官腔、随时把手头的事情榨些油水出来的小官僚。

那次操场跳跃两百次的事件，林山也一直记得，他想不到一个女生竟然有这么强壮的自我，足以反抗来自“上面”的压迫。对于孩子们来说，父母和师长，还有别的成年人，跟深海鱼一样，天然处于“上层”。林山在那天第一次打飞了爸爸抽向他的筷子，换来了一次暴跳如雷的毒打。本来只是指责他拿筷子的姿势不对，这下连带着学习不好、每次升学都要求人送礼、交建校费的事情都翻了出来。虽然这些事情也是每隔不久就要晾晒出来，成为冠冕堂皇可以把儿子揍成一条野狗的理由。这顿打来得愤怒，父子俩也同时捉到了空气里的那丝惊恐：爸爸害怕了，他害怕这个成天被打的孩子反抗，而他忽然就在这一天真的反抗了。秩序被颠覆，一时间两人都不知道怎么办，只好机械地重复了打和被打的程序。

打完之后他们分别把自己锁在房间，温习、回味着那点儿惊恐。林山第二天上学时眼角还带着伤，但心情很好，他努力不那么口吃地回答了老师的提问。除了他自己，没有人注意到这点进步，这帮助他一上大学就成了个侃侃而谈的人。直到现在，他一口黏稠、迅速的本地话说得那么密，谁能相信他被叫了九年的小结巴。

这是林山爱上简南桑的开始。每个少年的暗恋都是一部史诗，宇宙爆炸，周遭的所有都粉碎，向着黑洞旋涡滑去。花瓣徐徐展开，星光生长在心里，茂密蓬勃，如同男生青春期的体毛，猝不及防就爬满身体。

如果能把全部感受顺利说出，林山会成为大诗人或者音乐家，这两种人都是很少的。他用一个三中学生里最平庸的成绩上了省城大学，专科，毕业后就由爸爸眼疾手快地安排去了某单位，捧起打不烂的饭碗。跟他生命中所有的事情一样，由爸爸控制，他毫无意见也没有给出意见的能力。鉴于这工作如此珍贵，他甚至连愤怒也不敢。林山越来越知道，那个敢在操场反抗老师的女孩子何等可贵。他一生想做而做不到的事情，她轻易就做了，且全身而退，毫发无伤。毫无疑问，将来的她还会继续这么做。

在林山陷入疯狂暗恋的时候，简南桑正在经历少女痛苦的发育期，比这更痛苦的是她反复追问自己跟陈程到底是什么关系。他们有过短暂的肢体接触和闪电般的回避，陈程看着她，忽然笑了，笑得尴尬中带一点儿猜不出的得意，让简南桑瞬间恍然大悟。他是故意碰到她的。而他的尴尬又让她怀疑，她的心怦怦跳动，她以为全校都能听见那子弹出膛一样的声音，她的脸发红，鼻尖也红了，整个人燃烧成半明半灭的红火炭——但接下来，什么都没有发生。

很多年以后，简南桑翻阅了自己当时的日记。那时她的字写得尖角锋利，跟里面夹的一张字条如出一人之手。陈程把字条递给她，还比了一个OK的手势。

字条上是很简单的一句话：放学后东门见。简南桑抚摸着那句话，好像感受到了陈程干净的呼吸。他们曾离得那么近，近到了可以有故事的距离，但终究没有。他和她奋力拉扯着自己，离开对方，越来越远，直到魂飞魄散之时，永不回头之地。

旧楼已成广场，简南桑从上面慢慢走过。记忆中那栋暗灰色的楼矗立着，陈程拉着她的手，一路狂奔上了楼顶。他们喘息着，看着脚下新奇的世界，黄昏的鼎城缩小成了一幅陈旧的年画。正对着楼下有个巨大的垃圾堆，上面无数雪白的泡沫塑料堆着，像小小的雪山一样。陈程直直地看着窗外，说：“有时候，真想就这么……”简南桑还没来得及说不要，他已经纵身飞跃出去。少年清瘦的身体在空中划出一道弯刀弧线，落在了那堆雪白的泡沫塑料里。陈程的脸从小雪山上浮出来，笑着，喊着，冲她挥手，简南桑毫不犹豫地跟他一样飞身而下。泡沫塑料支撑住了身体，但腿部还是有沉重的剧痛。她站直了，陈程的脸离她非常近，大约只有两厘米。

那么近。他的呼吸和她的呼吸交融在了一起，那个瞬间烧红了烙铁，烙在灵魂上，和心脏一起跳动，直到死亡将生命带走，才会停息。

在这以前，他们只是漫无边际地聊天，那些散乱的话，风一样从耳边刮过，没有留下什么痕迹，只有让他们身不由己地越来越亲近。但是，后来简南桑认真地回忆起那些聊天的话，还是想起了一些东西。陈程说过他讨厌物理，而他是全校物理竞赛小组的组长，寒假要去参加省里的奥林匹克竞赛，赢面很大。带他们的物理老师张洪文是位著名的竞赛教练，连续几届都培养出了金牌选手。而陈程说“我讨厌物理”，听起来并不像是好学生那种“我假装不用功也可以学得很好”的矫情的厌倦劲儿，他说的“讨厌”是两个黑色的冰块，一下让温度降低了许多。

那次跳楼之后，简南桑觉得她和陈程交换了身体的一部分，他们共守这个秘密，包括跳完之后的心动和喜悦。他们第二天在学校看到了对方，居然羞涩地扭过头去，而很快又在课堂上用小纸条热烈交谈，用那种极为相似的字体。

所以，她不能接受陈程的死。没有人能接受一个青春少年猝不及防结束自己生命这件事，而对简南桑来说，他是连带杀死了她一次，不幸的是，她的肉体还必须带着痛楚活下去。

林山从那时开始以各种方式向她示好，甚至包括在每周的演讲时间里流利地朗诵一首情诗。班里的同学都在惊讶他终于不再结巴了，而简南桑心不在焉地趴在桌子上，眼神空茫地飘荡在窗外，这表情就跟十几年后故地重游的她一模一样。

电话响起，简南桑皱眉听着那边林山又在滔滔不绝地介绍他自己和他目前的项目，从结巴变成话痨的后果就是缠夹不清。简南桑打断了他，说："其实从一开始你就没有希望。"

林山说："什么？"

简南桑说："项目。我考察了六个县级市，鼎城的条件是最差的。"

林山说："你这是报复我吗？"

这下换简南桑问："什么？"

林山说："我害死了陈程。"

之五 ……………

掩埋秘密是为了更好地生活，而林山知道，那个秘密是雪里的尸体，最终会暴露出来。他怀着对陈程的忌恨，跟踪了他，等在物理小组培训教室的外面。他想躲在光线不明的角落里，等陈程过去时推他一把，陈程从楼梯上滚落，摔个骨折或者脑震荡，而林山却听见了里面隐约的哭声和成年男人的喘息。少年林山成为鼎城三中最大秘密的见证人，而他和此前的所有人一样，缄默不语。生活总是让我们太过震惊，丧失了相信的能力。张洪文这样备受尊重的金牌老师，四十五岁，总穿着整洁西装的男人，谁会想到他对自己的学生做出了不可告人之事。那些在物理竞赛中得奖的男生，带着奖牌和无法言说的耻辱，永远离开了鼎城。他们去了美国或者他国一些著名的大学，他们的名字在鼎城三中成为传奇。

陈程本来也应该是其中一个。林山第二天看到他的时候，他已经又把自己伪装成了那个阳光男孩，清洁健康，笑容灿烂。林山只说了一句话，他不会忘记这句话如何夺走了陈程的微笑，让他面如死灰。

“我在培训教室的外面，都听见了。”

陈程在当天晚上跳楼，他没有跳进那堆泡沫塑料，而是跳向了相反一面，头朝下，可见他有多么坚决，不然，五层楼的高度未必能摔碎一个少年柔韧的躯体。他忍耐了很久很久，他以为事情会就这样过去，他还是忍不下去了。

轰动一时的跳楼事件在鼎城流传了很久，大致的解释是说陈程承受不了高考和竞赛的双重压力。三中为此增加了心理辅导老师，一个脸色暗黄的大讲如何为建设国家努力读书的中年妇女。简南桑从那时到高考，一共说了没有十句话。她有无数的话想对陈程说，而最后唯一能做的，不过是高考过后一口气跑上那栋废弃的楼，跑去那个曾经充满尖叫和欢笑的窗口，看也不看，飞身而下。

她曾经设想，那里出过事故，垃圾应该被清运走了。但是没有，她仍然掉进了雪白的泡沫塑料里。腿上传来的钝痛逼出了她的眼泪，而她搬家后发誓不要再哭，这么软弱的行为，从来于事无补。

新的工作在隔壁城市开展，简南桑庆幸市场部门的同事去应付那些饭局和好酒量的公务员。她每天工作到深夜，淋浴后坠入睡眠，早晨起来继续写那些写不完的代码。她再没见到林山，林山坦白了那件事之后调离了原来的单位，听说他去了一个很边远的小城，不过职务升了数级。

后来，有一天在网上，一个短短的帖子被迅速转发了几万次——“鼎城三中原物理教师张洪文曾对参加竞赛的男同学做出有悖师德的行为，2000级毕业生联手举报”。后面是二十几个人名。这个帖子被转得越来越多，而越来越多的人站了出来，证明这个帖子里的话是真的。

简南桑做了一个小的转发程序让这个帖子更迅速地扩散，包括三中校长和鼎城教委的私人信箱。她觉得这是自己应该做的事，像那个当年错过的吻，也许会帮到他，帮到那个独自在黑暗里挣扎的男孩，也帮到她自己。她困惑了那么久，愤怒了那么久，最终知道答案其实是少女无法承受的残酷。

青春是一条漫长的河流，肉体的成熟、衰老，不能抹杀那些热烈散乱的激情，曾经的火花是河流上微茫的波光，闪动，消亡，记忆固执地保留了下来，以便今后照亮平庸的生活。

在梦里，简南桑重复地做着跳跃运动，她目光没了焦点，只好盯住一个男孩的耳朵背后，薄薄贝壳一样的耳朵。后来，在课间操过后，他推了推她说：“你哭了。”她说：“我没有。”她曾经以为他们一度相爱，心意相通，而实际上，岁月给所有人安排的都是一个人的牢笼，可以凝望对方而最终擦肩而过。

爱·唯一

Chapter 07

单身的人爱说自己天煞孤星，
嗯，
他们当然没想到，
每颗孤星都有一个终结者。
就好比，
世上每一颗螺母都有专属它的螺丝钉，
每一把锁都有唯一可开启它的钥匙，
每场“连连看”都是预设可通关的游戏。

因为要在此刻遇见你

by

金陵雪

Love,

love,

my

season.

每个人都有被剩下的原因。

可能是挑剔，可能是懦弱，

可能是孤傲，可能是笨拙，

当然，也可能是，

对的人此刻也还在剩着，

等你。

马尚和忽冉，简单又平凡。

女士优先，先来介绍忽冉。大龄女青年，都市小白领，宅属性，爱美食，爱养生，爱电影，偶尔会痴迷于美好的小东西。

再来说马尚。大龄男青年，工科IT男，呆属性，爱睡觉，爱运动，爱干净，生活刻板而有规律。

两人的缘分，源自忽冉的七大姑认识马尚的八大姨。上一辈人对于婚姻的理念更多基于社会责任与世代繁衍而建立，所以对家族仍有大龄未婚晚辈深感痛心。两人在牌桌上得知马尚和忽冉都在同一座城市打拼，而立之年茕茕孑立，使命感油然而生，一拍即合，要将家境相当、资质相当的两人撮合在一起。

马尚："是和我同龄的忽冉？"

八大姨："对呀！从小就聪明伶俐、乖巧可人的冉冉。"

马尚："我知道。她怎么可能还没结婚？"

八大姨最会说话："说不定就是你的缘分，在等着你。"

忽冉就没那么好骗："别说那些有的没的。什么高大英俊，那就不会剩下来，一定是性格有问题，不然就是父母难相处。"

七大姑："你就是这张嘴巴讨人嫌。好好的男孩子、好好的一家人被你说成这样。那你也是个剩女，你是有什么问题？"

忽冉："我的问题就是一个人待着感觉太好了。人类在进化上的飞跃大概就要从我的单性繁殖开始了。"

七大姑："……马尚比你小一点儿，人不错的。"

忽冉："什么？比我小？不考虑。"

七大姑："小月份而已，人家不介意。"

忽冉："我介意。"

七大姑："滚。那我还是去中山公园替你找。我把你的照片拿去印，每个进公园的老人家都发一份。"

每座城市都有中山公园。在中山公园的小小一隅，都有相亲角。牵在花间的细绳，横七竖八地张挂着未婚男女的信息。含蓄一点儿的父母会将子女的照片紧紧攥在手中，戴上老花镜一行行地看征婚启事上的信息——他们集合了身高、体重、职业、家庭背景等种种搜索条件，其强大足以媲美任一款搜索引擎。

也许他们晨练完就去了，也许他们买完菜就去了，也许他们会在相亲角耗费一整天，为了找到一个可以让子女托付终身的良人。他们为子女所做的这一切，其实和青年男女在网上交友没有什么不同，只是长辈不习惯于这种虚拟的体验，而更倾向于实在的接触。

中山公园是中年父母的撒手锏，是未婚男女的命门。

忽冉的好处在于内心强大；马尚的好处在于波澜不惊。

那就见见吧。

在相亲场中打滚的青年们往往会风尘仆仆地来赴约。一副老练的模样，快速而不露痕迹地切入正题，掌握对方的资讯，打分，然后借着喝水的机会一抬腕表，离下一场还有十分钟。但忽冉与马尚不同，他们尊重对方，空出整整一个晚上来相会。

一见面两人心中都是"咯噔"一声。有似曾相识的感觉，又或者只是因为长了一张不讨厌的大众脸。

你好，我是马尚。

你好，我是忽冉。

大众脸自有可取之处。马尚虽然长年对着电脑，但因为休息充足，运动有素，双眼炯炯有神，腰腹也没有横生赘肉。忽冉做人力资源工作，头发乌黑，声音悦耳，不需要搽粉便唇红齿白。

那就先用餐。

两人的生活圈子完全风马牛不相及，好在忽冉平日里的工作总要与人打交道，侃侃而谈，绝不冷场。从今天天气真好哈哈哈到剑拔弩张的国际局势，从浮躁暴戾的社会怪象到酸辣可口的金针肥牛锅。马尚不善言辞，却能在适当的时候表达自己的观点，交谈居然出奇愉快。

马尚学工，毕业于俗称“男子技术学院”的工程大学；忽冉习文，毕业于俗称“女子职业学院”的政法大学——这明明不是很好笑的笑话，他们却都笑了。

很少有人会笑起来不好看，所以快吃完时，马尚很自然地发出了“等下去看场电影如何”的邀约。忽冉没有矜持，答应了。

一年一年过的是孩子，一学期一学期过的是学生，对于性急的白领们来讲，一旦过了三十岁，生命的计量单位就变成了小时。时间越来越浪费不得。不是假期档，电影平淡枯燥，但马尚和忽冉都觉得那是很有意思的两小时，就连话题也变得玩味起来。

你以前相过亲吗？

当然。

遇到过我看得中但对方看不中，也有对方看中了我却看不中的情况。

你要的是美若天仙，我有的是温婉可人；你要的是狷狂邪魅，我有的是温柔体贴；你要的是有权有势，我有的是小家碧玉；你要的是家财万贯，我有的是小富即安。

总而言之，供求没有达到一致。

你会不会因为不喜欢相亲对象，就故意做出一副奇形怪状的样子来逼退恶灵？

不会——你遇到过？

也许我在他们的眼中也很奇怪吧。

一上来就问房子、车子、工资、津贴、公积金，坐姿不正，抖腿抠鼻。标榜男女平等，为两三元花费要AA。一面大肆抨击社会怪相，一面随地吐痰闯红灯。自命清高之余，又用怨恨的眼光剜着豪车。将母亲当神一般崇拜，还要拉着对象一起三拜九叩。

有些相亲对象会让你怀疑自己是不是就只配和这样的人共度余生？

别泄气。不过是因为介绍人根本不了解你。

每个人都有被剩下的原因。可能是挑剔，可能是懦弱，可能是孤傲，可能是笨拙，但绝不可能是因为你不够好。

幸好马尚和忽冉都不是这样的人。他们一直单身得很有质感，并未因为孤独或寂寞而怨怼暗生。

单身久了，遇到约会后肯送女性到家门口的绅士，能自行拎一袋米、一桶油回家的忽冉很是意外，但并不受宠若惊。

忽冉，再见。

马尚，再见。

忽冉给马尚的第一印象是大方健谈，马尚给忽冉的第一印象是老实体贴。最重要的是，他们都还想再见。

这样连续见了三周，吃了六次饭，看了三场电影，过了十次马路，经历了两次夜色撩人，他们却连手也不曾牵。那一点儿小爱苗摇曳着，却始终燃不起来，七大姑八大姨嘴角起了火泡，当事人却老神在在。

都市里的单身男女不是动物园里亟待繁衍的珍稀动物，仅凭几次见面的好感就想迅速成为爱侣进行交配真的很难。更重要的是，单身久了，心灵上已经形成了一层结界——闲杂人等请速速弹开。爱与逍遥，本来就会相互制约。周末见一见，是很好的生活调剂品。进一步，是否值得他们去牺牲自由，还是未知之数。

就在这小爱苗将燃未熄的当口，忽冉的父亲突然病了，忽冉请假回了老家。

忽父躺在病床上输液，嘴里念叨的还是女儿的个人问题：“马尚不好吗？为什么不能进一步？”

忽冉道：“我已经超脱了个人的情情爱爱，我追求的是理想的升华，世界的大同。”

忽父道：“放屁。我就是做鬼也要去中山公园帮你找。”

忽冉：“咦，昨天说的还是如果看不到我结婚，你死不瞑目。”

忽父翻个身，背对女儿：“真是家门不幸。”

轻松的对话并不能令现实也轻松起来。忽母陪床，日夜难寐；忽冉在家里烧好三餐，再坐公交去医院。虽然有亲戚帮忙，总不能分担母女俩内心的焦灼。病情一日日坏下去，下了病危通知书。

忽父说起身后事，忽冉先是沉默，后道：“新时代了，女儿给你扬幡也可以。”

忽父叹气：“你就不能给我找个女婿？”

忽母慌张，生怕丈夫真的带着遗憾离世，先斩后奏，偷偷通知了马尚。

忽冉愠怒，忽母怯怯：“就是做场戏也好。”

忽冉无力道：“现在做什么都可以，只是我从没有想过这种电视剧里的情节会发生在我身上。”

荒谬又可笑。

谁都有隐私空间，这种事情怎么能拜托对方去做。

忽冉拨通马尚的电话，他在电话中一再安慰：“我坐最快的一趟车回来。没事。没关系。”

通过这几周的相处，马尚知道忽冉是个有礼貌的女孩子，常将“对不起”“谢谢”“没关系”“麻烦了”挂在嘴边。可是这一通电话中忽冉说不出“对不起”这三个字，于是马尚便说了很多个“没关系”，仿佛知道她是理亏的，是难堪的。

“没关系，现在医学昌明。没关系，我可以调休年假。没关系。忽冉，真的没关系。”

忽冉在病榻前守着，床头一根苍白的灯管，照着忽父蜡黄的脸。医院的幽深走廊，吞噬一切动静，直至有人的脚步声，行李箱的辘辘声，交杂到一处，由远及近。

“伯父。”

马尚有信有义，拖着行李，风尘仆仆地出现在病房里。

忽父握着马尚的手，不及细细端详，最先注意到这男孩子的眼睛，又大又黑，诚恳深情：“请善待忽冉。”

马尚用力回答：“我一定善待她。”

不知是否这场相见太满意，忽父又慢慢好了起来。初始还要马尚帮忙翻身、擦拭，很快就能被推着下楼晒太阳。

忽冉扶着轮椅，忽父道：“要马尚来，不要你。”

忽冉问：“为什么？”

忽父道："你会把我推沟里去。"

忽冉道："我看你是装病，不然脑袋不会清醒得这么快。"

忽父道："不错。我的病就是因你而起，因为你总是不结婚。"

忽冉道："不要老生常谈。"

忽父又问："马尚，你怎么不结婚？"

马尚看看忽冉，笑道："忽冉不是也没结。"

忽父道："她没人要，是因为她脾气差、长得丑。"

忽冉插话："换个话题。"

忽父道："你一表人才，有身高有样貌，又细心又聪明，怎么不结婚？"

马尚还是那句："冉冉不是也没结。"

忽父道："怎么？你是因为这家伙没结才不结？"

忽冉叫道："当心，前面有沟。"

马尚立刻扶住轮椅，忽父看着他笑："小马，推我去那边。"

她给他的印象又加深了一层，娇憨可人；他给她的印象也加深了一层，细心可靠。

趁着休假没有结束，多年不曾回过的老家，两人一起逛。

一起住过的厂矿家属区，她在楼上，他在楼下。

"夏天的时候大家都会在顶楼睡竹床呢。"

那时候的马尚坐在竹床上吃棒冰；那时候的忽冉坐在竹床上喝汽水。父母为他们摇着扇子，拍着蚊子，中间隔着十几张竹床。

双方父母都经历过下岗浪潮，又自主创业。在那场变革中，有人完全放弃了人生；也有人大获成功。个人的成败，往往决定了一个家庭的荣衰。

昔日辉煌的国企，如今变成了建筑工地，即将建起商业大厦。找不到自己当初的家，两人都不胜唏嘘。

“如果想到自己要支撑起一个家庭，无论如何不会放弃。”

一起上过的厂矿幼儿园，忽冉在小燕子班，马尚在小螺号班；那时候的忽冉在练功室里排练，那时候的马尚在院子里滑滑梯。

“还记得吗？那时候在幼儿园，每天中午，全班小朋友手牵着手坐在墙根这儿晒太阳补钙。”

小燕子班在左边，小螺号班在右边，围着口水兜的他们中间隔着十几个小朋友。

忽冉：“记得我那时候可凶了，会不会欺负过你？”

马尚：“恶霸从来不记得自己做过的事。你会一个个头顶敲过去，还问西瓜熟了没有。”

忽冉笑着摸过墙上一格格的马赛克：“真不记得了。”

马尚走在她身后：“我记得。”

一起读过的厂矿子弟学校，她在南面，他在西头。那时候的忽冉在广播台，那时候的马尚在田径队。黄昏下，两人都找到了自己的班级，在彼此的教室前招手，仿佛穿越了十几年。

“忽冉，我借过你的参考书。”

“那年下雪，在走廊上摔了一跤又摔一跤的是不是你，马尚？”

“不是我。”

“可是我暗恋的那个男孩子，好像在你们班上。”

“是不是郑老师的儿子？他后来去了美国。”

“你们男生那时候是不是都暗恋教英语的岳老师？漂亮又洋气。”

学校旁边的小河，河边的小店，小店里的零食；罚跑圈的操场，操场上的男孩女孩；教过他们的老师，逃过的课，暗恋过的心情……原来这一切一切都有交集。

重游故地，马尚脑海里的忽冉越来越清晰，她真的是聪明伶俐、乖巧可人。忽冉似乎也在回忆的背景里，隐约看到了一个眼睛黑黑、肩膀宽宽的男孩子。

第一次见面时似曾相识的感觉，并不是毫无来由。

“真的很奇怪。我们住得那么近，又是校友，为什么我从来没有听说过你。”

因为要在此刻遇见你。

马尚比忽冉小了半岁，所以留在了比她低一届的时代里。他走着她走过的路，读着她读过的书，听着她的故事。这样走了三十年，终于追上了她的脚步。

忽冉比马尚大了半岁，她一直向前走，翻过山，越过岭，下雪刮风，没有回头。这样走了三十年，终于，他从后面追了上来，牵住了她的手。

忽父出院那天，所有亲戚都来了。马尚轻巧地将忽父从床上抱起，安置在轮椅上，再盖一条忽冉递过来的毯子。大家都好一通赞叹，真是一对璧人。

如果早认识几年，说不定现在孩子都能打酱油了。

早认识几年？早几年前，他们都有别人。

忽冉的前任，多金又聪明，比她年长八岁，总用长者的口吻教育她，这样不对，那样不妥，要目不斜视，笑不露齿。忽冉不爱被教训，也做不到对未来婆婆唯唯诺诺，晨昏定省，于是连带他的家人也对这段关系颇有微词。更甚的是，男方突然地就娶了门当户对的女孩子，又来招惹她，忽冉只觉得自己瞎了三年的狗眼。

马尚的前任，是长发飘飘、裙角飞扬的大学同学，漂亮温柔，活泼大方，连双方家长都开始互称亲家。女方研究生毕业后远渡重洋，异地恋坚持了两年，两人观念开始产生分歧，安稳和进取一时间成了不可调和的矛盾，于是和平分手。女孩子回国后又与马尚联系了几次，他却再也没有那种情思了。

到了他们这个年纪，没有谈过一两次刻骨铭心的恋爱反而奇怪。前任可能是踩过的狗屎，也可能是念过的情诗。狗屎不易洗，情诗总难忘。

还会想起前任吗？

……偶尔。

因为走错，所以谨慎；因为失去，所以珍惜。

那，我和你的前任相比，有什么不同？

问出这种话的只有忽冉。

马尚想了又想，才道："除非你也变成前任，那才能拿来比较。"

在前任和现任之间，他们也见过不同的异性，总觉得缺少了些什么，直到遇见了彼此。

那彼此会变成前任吗？

他们都是负着回忆的行囊在都市拼搏的游子，难得背景一致，难得步伐一致，难得情投意合，难得天赐良缘。

在一次深吻之后，马尚轻声问忽冉："我爱你。你爱我吗？"

"这个……还是得试试才行。"

试过之后，两厢欢喜。

更令人欢喜的是，忽冉爱美食，马尚爱运动。马尚教忽冉打羽毛球，忽冉煮东西给马尚吃。洗碗时一起唱起小时候学过的童谣："春天在哪里呀，春天在哪里……"

偶尔想起小时候的事情，就会兴奋地拍拍对方的肩膀："搅来搅去的麦芽糖……放学路上的游戏室……"

两人笑到得意忘形时，均会发出猪一样的哼哼声，然后又笑成一团。

见一对小儿女这么融洽，两家商量之后，居然给出了这样一个建议。

你们都在一个城市里上班，又租住在两处，倒不如合租在一起，把钱攒下来。

呜呼！现在的父母恨孩子不结婚到了这样的地步。

忽冉爱享受，租了一套两室一厅，于是马尚便退了自己的房子，搬来和忽冉一起住。忽母有些担心："你们现在的共同话题都是过去的事情，以后万一讲完了可怎么办？"忽冉道："那我们也可以像普通的恋人那样，面对面坐着玩手机。"

马尚的父母也说："忽冉是个好姑娘，你要好好对她。"马尚道："我在伯父面前说了会善待她就一定做到。"

两人生活习惯都非常良好——但凡爱干净、讲卫生、手脚勤快、作息规律，住在一起就不会产生任何龃龉。

两人住在一起之后，忽冉才发现，原来很多事情男人做起来事半功倍，比如组装跑步机，比如换纯净水，比如洗地毯。

两人住在一起之后，马尚才知道，原来很多事情女人做起来格外性感，比如养花弄草，比如烧水煮饭，比如练瑜伽。

那马尚最性感是什么时候？

当然是刷碗刷碗刷碗。

现在的深爱，如果换到另一个情境下，又会如何？毕竟世界充满无限可能。

如果我做过第三者，你会鄙视我吗？

不做了就没事。

如果我认识你之前就嫁了人，你会和我婚外恋吗？

忽冉，我们是相亲认识的。如果你结婚了，我根本不会再遇见你。

如果认识了呢？

如果使君有妇，罗敷有夫，然后在路上偶遇，四目交投，天雷地火……哎呀，水开了，苹果削好了，电视剧也开始了。

两人相处的过程中，慢慢地和对方的同事碰了面，说了话。

有的同事赞叹：“怎么这么优秀的人还会剩着，被你找到？我遇上的尽是些歪瓜裂枣。你真幸运。”

有的同事撇嘴：“要车没车，要房没房，大街上一抓一大把的货色。”

有的同事浪漫：“原来你们是青梅竹马，真是羡慕。”

有的同事务实：“什么时候结婚？什么时候要孩子？独生子女可以生二胎……”

旁人的话，无论好坏，他们只是一笑置之，日子是自己过的，何必管别人的想法。

这样相处了三个月，一日，两人坐在沙发上看电视，忽冉把腿搁在马尚的腿上，一面摸小肚子一面叹气：“从二十岁开始，我每年长两斤，势不可当。”

马尚：“那还吃薯片吗？”

忽冉：“拿过来，然后今天晚上你替我做一百个仰卧起坐。”

晚上做完仰卧起坐之后，马尚对忽冉道：“你今天晚上那句话很有意思。”

忽冉躺着敷面膜：“我一天中那么多时候可以聊天，你偏这时候和我说话。”

马尚：“我实在觉得有意思。”

忽冉：“哪一句？”

马尚：“你说你从二十岁开始，每年长两斤，那今年是多少？”

忽冉：“咳！宇宙的终极秘密岂是尔等凡夫俗子可以知道的。”

马尚笑起来：“冉冉，你说话太可爱了。”

忽冉：“等我做完面膜再咬死你。”

马尚：“我的肉不好吃。”

忽冉：“还可以的。你自己没吃过，所以不知道。嘿嘿。”

马尚：“你看，你一打岔，我又不知道说到哪里了。”

忽冉：“你说我每年长两斤！又不见你去抗议通货膨胀——”

忽冉突然感觉马尚把一个硬硬的卡片放进她手里，她举到眼前来看，原来是他的工资卡。他们合租在一起之后，马尚每个月都分担房租和水电，也出了大部分的生活费，但两人的收入与支出并没有互相干涉，这也是忽冉第一次看到马尚的工资卡长什么样子。

“我是想说，这么稳健的上升趋势，我想终生持有。”

这一刻，这座城通货膨胀持续走高。这个国家周边关系祥和。太阳系抛弃了冥王星，依然过得很好。银河在流淌。宇宙在飞速膨胀。

这一刻，马尚和忽冉决定了要在亲友的见证下、法律的约束下，一起走下去。在双方父母的赞助下，置一处温馨的家，生一个可爱的宝宝。

他们没有懈怠过，都保持着最好的那一面，准备遇到最好的那一个。他们遇到了最好的那一个之后，没有撕心裂肺，也没有跌宕起伏，没有误会丛生，也没有抵死缠绵——他们将所有的体力都保留着，好携手跑完人生的马拉松。

忽冉，初婚女青年，都市小白领，宅属性，爱美食，爱养生，爱电影，爱老公。

马尚，初婚男青年，工科IT男，呆属性，爱睡觉，爱运动，爱干净，爱老婆。

能有多爱呢？

结婚之后，更加亲密的两人就会发现对方的毛病。马尚会发现忽冉睡觉爱放屁；忽冉会发现马尚早上有口臭。每一天都煮饭忽冉会吃不消；马尚会不许忽冉吃太多零食。然后，也许会吵吵架，也许会生生气，也许会像我们在大街上看到的老夫老妻那样，不再手扣着手散步，在岁月中磨灭了激情。

激情没有了，剩下的是什么？责任？亲情？现在他们都不知道，成功与否，还要看他们如何学着走下去。

那又如何？马尚和忽冉，本来就简单又平凡。

Chapter 08 爱·擦肩

错的时间，对的人，对的时间，错的人，

四者可自由组合出多少种剧情？

最悲凉也最戏剧的，

或许是错的时间，对的人。

近在咫尺，你却明白，你们之间隔着万水千山。

命运是一头暴烈又温柔的兽。

有一天，它会令你明白，

遇见过，总好过不知世上有他。

了不起的爱情和你

by

余思

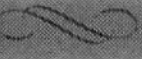

Love is so short, forgetting is so long.

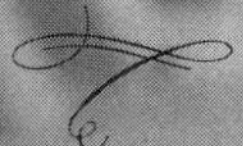

君生我未生，

我生君已老。

在地铁里热得快要窒息的时候，一抬头好像突然看到了你。在车厢的尽头，你高高的个子，墨绿色格子的棉衬衣，那灰白的头发在人群中很是显眼。隔着拥挤的人，我试图踮起脚认真找寻你的视线，但人潮将我涌了出去。我到站了，回头再看你，却只看到呼啸而过的列车尾巴和空空荡荡的站台。

几年前的某个夏天，也是在这十号线地铁里，空气里弥漫着一种油腻炙热。车门开了，穿着格子棉衬衣的你低着头径直走了进来，刚好坐在了我身边。你不小心坐到了我的裙子，我看到你眼角有属于中年人的皱纹，那时你的头发要比现在乌黑很多，然后你低着头说抱歉，我说没关系。

那时你应该完全没有注意到我，在你沧桑的眼中我不过只是个小女孩而已。在沉闷无比的车厢中，你戴着耳机翻开了一本书，我惊讶地发现和我手里捧着的是同一本。我惊喜地发现了盖茨比带给我们的缘分，就像一起注视着纽约长岛梦幻绿灯的缘分。我用余光看到你摩挲着第197页的一角。你的手机在振动，于是你摘掉耳机寥寥应答几句。在你要把耳机戴上时，我抢先说了句，你好。

你笑起来法令纹很深，看得出来你并不常笑。后来，我问你当时为什么会笑，你说因为你看到了我手里捧着的盖茨比，因为我们都喜欢盖茨比。

地铁越来越拥挤，你的声音几乎被报站声掩盖。你问我看到哪里了，我说刚开始读呢；我问你看过几遍了，你摇摇头说记不清了；你又问我为什么喜欢读小说，我说因为喜欢读故事。你笑了，你说你也喜欢故事。

那天的车程好像过得特别快，到苏州街站，我该下了。那是个需要补课的周末，距离高考还有八个月。我把盖茨比藏进书包里，换成一本高三数学练习集。你的脸上涌现出一种无可奈何的笑，我笑着说，怎么办啊，我也没办法。

你说上大学就好了，那里有一个不需要数理化衡量的世界，那时你可以光明正大地看盖茨比。

临下车的时候，你关注了我的微博，然后我才发现，你的认证信息是“译者”。后来我更愿意称你为翻译家，更因此在心底多了一分尊敬，因为这曾经是我梦寐以求的职业。

课堂里似乎比地铁还要沉闷，语文老师正在黑板上讲高考作文的写法，我的思绪却早已飘出窗外，天空中飘浮着几朵浑厚的白云，我想起那首歌词：“我是天边飘过的一朵云，偶尔投影在你的波心里……”可高中语文里永远不允许出现这样的句子。整个教室里好像只有我一个人在开小差，我坐在倒数第二排的位置上，忍不住又翻开了那本《了不起的盖茨比》。我想快些看到你正在看的197页，我还差3页。在我把这一页的最后一句话读完时，庄老师已经站在我桌前许久。他在桌前站了多久呢，我不知道，甚至不在乎。他不动声色收走了我的书，一下扔到了讲台上。

“浪费时间，现在看这个有意义吗？”他对我说，也像是在对全班同学说。

爸爸是下午四点才赶到教务处的，他刚刚给研究生讲完课，满头大汗地进来。教务处王主任是爸爸大学时的师弟，一见到他就说：“李老师你来了，又让你跑一趟了。”

爸爸看了我一眼，又看了一眼那被扔得皱巴巴的书：“小玫都被我惯坏了。”

“庄老师是毕业刚分配来的，血气方刚，第一次带毕业班，脾气冲些。”

“别这么说，是小玫没表现好，给你们添麻烦了。”

回家的路上爸爸一直没说话，我知道他想让我做什么——他想让我好好学习，哪怕是装个样子也好。我早已知道等待我的命运是什么，参加爸爸所在大学的保送生考试，然后通过特长生的方式考进去……

“如果你连更简单的保送生考试都通不过，那就只能让你妈妈接你去美国了。”爸爸说，“小玫，你不想去的对不对？”

“对。”这句话让我憋红了脸。

晚上睡觉的时候，我在你的微博上留言了。我问你有没有去过美国，如果去那个国家读大学会怎样？我不知道自己为什么要突兀地去问你。曾经，我是一个对陌生人戒备心很强的人，因而独处时总喜欢带一本书，希望借此聊以打发时光和想要走近搭讪的陌生人。但就是这样的我，居然在地铁里认识了你，信任了你。

你很快给我回复了，你说美国很好，你说像我这样的女孩儿不应该只留在国内而应该多出去看看这个世界。

给你留的微博只添加了极少数陌生人，我可以在另一个公开的微博里无比开心，聊得热火朝天，而在这个私密的微博里只有寂寥的语句和索然无味的独白。我原以为不会有人愿意读，没想到你却把每一条都看了。

你从我的微博里读出了我的状态，是的，那时我正在历经一场旷日持久的暗恋。

这就是我们最初的相识，地铁，菲茨杰拉德，《了不起的盖茨比》，相互关注的微博。

很多故事都有这样的开场，人海茫茫中偶然的邂逅，足以让人心心念念许久，媲美长岛绿灯的梦幻。

第二次见面是在第一次高三会考以后，妈妈特意给我写了E-mail让我放轻松，她说没关系，如果高考没考好可以去美国。

“千万不要给自己压力。”她说。

可我不想去，我害怕美国，更害怕被保送到爸爸所在的大学。上学让我感觉压抑和苦闷，而我喜欢的那个男生成绩优异，他并不会注意到我，因为我根本没有任何值得他注意的地方。

周末，我真正把《了不起的盖茨比》读完了，盖茨比为了久久地拥抱着一个梦而付出很高的代价。放下书的那一刻，我独自在窗前唏嘘不已，看着镜子中的自己，平凡又普通的一张脸，我忍不住沮丧。

然后我在微博里给你留言说：“盖茨比真的很了不起。”

后来，我们在一家医院外的咖啡馆见面，你比第一次相见时还要疲惫。我真高兴你说我那天很好看，现实中很少有人这样形容我，可我相信你说的是真的，因为你说：“你脸上有一种好看的光彩。”

你说你已经四十岁了，你给我看你的身份证，那上面的你比现在要年轻好多。那上面的你有一双大而明亮的眼睛，而如今这双眼睛躲在眼镜背后，不再大也不再明亮。你究竟是经历了什么变得如此沧桑。我猜你大病初愈，所以我说：“你应该健康一点儿，你还那么年轻啊。”

“那你应该开心一点儿，你更年轻。”你说，“你的微博太伤感了。”

道别时你送了我一本书，仔细一看译者就是你，你说这是你翻译的第一本书。我翻开，第一页是译者代序，第一句写着：

“献给梅，如果没有她，我不会学习德语，也就不会有这本书。”

我很快要去参加保送生考试了，日子排得满满当当。爸爸依旧没有什么时间管我，他带他的研究生课题，课题组里有一个漂亮的女学生，留着垂到腰的直发，笑起来很像妈妈，我没想到她和爸爸接吻的姿态也像妈妈。也许是我记错了，妈妈和爸爸接吻的姿态我早就忘了，妈妈在我六岁的时候就去了美国，她和爸爸离婚了。

我时常想到自己有太多没来得及去做的事，再也睡不着，睡不着的时候我去读你送的那本书。但总是刚读了两三句就思绪纷飞，睡意更是一再落空。等到我把译者序读完，竟依稀摸索和拼凑出你的故事，这个故事将我迷倒了。

你和妻子相识于南京大学，后来双双公派到德国哥廷根大学留学，在那儿你们曾经过得很辛苦，直到毕业后你留校了，生活日渐有了起色。你喜欢那儿静谧的生活，可是妻子执意要回国，她喜欢国内的热闹和朝气。回国后你在大学任教，妻子去了德资企业工作。六年前，你和妻子出去旅行时不幸遭遇车祸，她变成了植物人。妻子的病情需要你随叫随到，所以你辞去了大学的教职安心照顾她，靠当翻译维持每月的生活和医疗开支。你常常在病房里译稿子，这大概是你所想到的最佳工作状态。

在午后散漫的阳光中，你推着妻子在花园里漫步。她的脸色苍白，目光黯淡，但你依然兴致勃勃地推着她往前走，绕着小花园一圈一圈慢慢地走。

我觉得你很了不起，但你说了不起的是爱情。

爱情，什么才是爱情。

你说爱情改变了你很多，曾经你最喜欢孩子，努力工作、拼命讲课只为了买大房子迎接孩子的降生，但妻子为了事业选择了不要孩子。

她曾经是一个很要强的女人，你这么说，而眼前的她已经瞌睡连连。你擦去她嘴角淌下的口水，继续推着她往前走。

“你太小，你还不懂。”你说，“Rose，你有没有想过以后做什么？”

“想过，我想当个翻译。”我说，“但是爸爸不会同意的，他想让我学商科。”

你一直喊我Rose，让我忘了自己是现实中平凡又普通的李玫。后来，Rose成了你的翻译助理，你神奇地给了我许多机会。

你对梅说：“多亏了Rose，否则我一个人肯定完成不了这些烦琐的工作。我们要多谢上天给我们派来一个得力的小助手。”梅的眼睛一动不动地注视着前方的草地，你替她把垂落的头发挽到耳后。

阳光是那样的灿烂美好，我的脚步却沉重起来。我突然发现我明白了什么是爱情，因为我不只想做你的助手，我还想取代梅。

之三 ……………

保送生考试我考过了，天知道爸爸在里面动了什么手脚。为了让我留在他身边，他不只一次这样不择手段。妈妈让我高考结束后的暑假去美国看她，我问她有没有去欧洲旅行的计划，因为我想去一次德国。

我想去看一看你和梅曾经共度好时光的德国。

爸爸去韩国出差讲学。没有了高考的压力，我开始有了人生中最空闲的时间，我常去医院看梅。我自告奋勇帮你一起译书，只希望在这空闲的日子里能够帮你更多。你答应了。夜里，我辗转难眠，总觉得梅的病房充满伤感，很难想象你一个人如何在那里长时间待下去。

你听到我保送通过的消息非常高兴，在病床前，你对梅说：

“Rose念了当年我们一直想念没念成的商科，真好。”

把整理好的译稿放在沙发上，关上门，我悄悄地走了。在门缝关上的一刹那，我看到你枕着胳膊在沙发上瞌睡的样子，一瞬间我又想起了盖茨比，他为黛西付出了一生。

再次收到你修改过的译稿，你把我的署名放到了前面。

“你比我更需要这个著作，我要的不过是译稿换的钱而已。”

我问自己为什么会喜欢你，你成熟、潇洒、沧桑、坚韧、充满才华、诚恳真挚，每一点都那么让我着迷。我抱着出版社寄来的样书睡着了，半夜里，出差回来的爸爸进卧室里来看我，听到他推门进来的声音我悄悄醒了。

爸爸翻着那本我和你一起翻译的书，他一定很惊讶。

我依然闭着眼睛，不想让爸爸发现我还醒着。他亲吻我的额头时，我闻到了那股属于成年女人的香气，我忘不了这味道。

梅真的像一株植物一般，她不说话，没有任何反应，可她依旧很美。你把她的头发梳得整整齐齐，如果有人来看她，你还会给她化一个淡淡的妆。

我见过你给她画眉的样子，那样细腻和耐心，画完眉的梅好美好美。

我不禁想爸爸是不是也曾这样给妈妈画过。我给妈妈写E-mail问了这个问题，妈妈说没有，她说她已经记不得和爸爸在一起时的事了。

后来，我听护士说了更多事情，我突然得知，曾经在梅清醒的时候，她已经不爱你了。那时你们正在闹离婚，梅想要摆脱你，和外企的某个高层在一起。最终命运却开了一个天大的玩笑，让她的生命在和你谈判想要逃离你的过程中戛然而止。

知道这件事让我对梅充满愤怒，我觉得她配不上你，她不配拥有你这样的爱人。

可是你爱着梅，我爱这样爱着梅的你，太爱了。

你总是说：“Rose，你还太小，你还不懂爱情。”

“梅哪里比我好？”

你第一次对我发火了，你让我闭嘴。

之四 ……………

我终于上了大学，你第一次到学校来看我，我带着你去学校食堂吃饭，同学误以为你是我的父亲，我打断她们说不是，你是我的朋友。

你笑着说我傻，你说我很快会遇到自己真正的爱情。

我在学校参加了德语社，在再也不用学数学的时间里，我用尽了所有时间去学那刻板难懂的语言，希望有一天能和你一起去趟德国。

你有时候也会说喜欢和我待在一起，但你说你不能和我一起去德国，因为梅离不开你。

梅的病情却在那阵子恶化了，她要进行一个生死攸关的手术。你坐在手术室前的长椅上，又起身在连廊里焦虑地徘徊，你双眼通红、面色苍白，我忍不住走过去，从后面抱住了你。

“我也是玫。”我说，你握住了我的手，眼泪落在我手上。

“谢谢你。”你低声说。

菲茨杰拉德，被女人毁掉的男人，那么你呢，你的一生似乎已经完全注定属于梅。我哭了，我说这不公平，对谁都不公平。

爸爸是这个时候看到我们的，他一向儒雅的姿态有些异样，因为我看到他扶着那个长发的女生从妇科流产室出来。他看到我从背后紧紧抱着你，就把牵着那个女生的手松开了。但是我没有松手，我不怕爸爸看到，我不怕别人知道我喜欢你。

爸爸愤怒地指责你，他说你怎么能勾引我的女儿，你比她大二十岁；他说我这辈子就这么一个女儿，你怎么能这样引诱我的女儿；他说我辛辛苦苦一个人养大的女儿不能让你就这么糟蹋了。他说这些的时候，那个长发的女生正虚弱地站在旁边，爸爸忘了，他也比那个女生大二十岁，那个女生也是别人的女儿。

你向爸爸说对不起，我不知道你为什么要这么说。我冲过去拦住失去理智的爸爸，爸爸狠狠地扇了我一巴掌，他说了一句我一直想对他说的话，爸爸说："你太让我失望了。"

"我也是！"我从未这么歇斯底里地对爸爸喊叫过，"我从很早以前就对你失望了！"

爸爸说："你根本不懂什么是爱，爸爸这么爱你，想把全世界好的都给你，希望你有你自己的灿烂未来，爸爸付出了一切，只为你……"

爸爸被另一些人劝走了，只留下声息仍在颤抖的我。你第一次把我抱进怀里，你说："Rose别怕，我在这里。"

我把你的半边肩膀哭湿了，直到手术室的灯亮起来，你才放开搂着我的手。梅的手术成功了，她在病房里昏睡。我不愿意回家，你知道我的倔强和决绝，你怕我离开你的视线一个人乱跑。你找护士在梅的病房里搭了一张小床。

那天夜里，我第一次听到了梅均匀低沉的呼吸，窗外静悄悄的，你枕着沙发，月光洒在你的背上。

我第一次和你说起我的父母，我说妈妈去美国以后我就觉得自己没有家了，不管爸爸为我做什么，我都不会感激他，因为是他把妈妈逼走的。我永远也忘不了妈妈离开家时对他说的那句话——你说你要追求真挚的爱情，其实你根本不配谈爱情。

你问我什么样的人才配得上谈爱情，我说我和你就算。你突然坐了起来："Rose，你想听我和梅的故事吗？"

你和梅相识的那年，你二十四岁，她二十五岁。你们在图书馆里邂逅，梅是学文学的，而你在研读法律。梅是哥廷根大学城里最漂亮的中国女生，无数人追求她。

你也爱上了梅，你有自己追求她的办法。梅在你一无所有的时候嫁给了你，你曾经憧憬过无数次未来的生活。可后来你的父亲病了，是肝癌，需要一大笔钱。你急切地想要回国，可是你连返程的机票都没有。你出身农村，母亲早逝，你是父亲的独子，也是最穷的公派留学生。除了国家给的那点儿钱以外，你一无所有。那天下午你哭了，你向梅袒露了一个男人所有的脆弱。梅带着无助的你去了教堂，她说向基督祷告会洗涤心灵，实现愿望。第二天，你醒来的时候发现梅不见了，直到下午她才回来。梅的嘴角淤青，你发现了她手臂和大腿的伤痕，梅给了你回国的机票还有一大笔钱。你不断追问梅钱是哪里来的，梅低头不语。

你哭了，那天晚上你去了梅带你去的那间教堂，你在基督面前痛哭流涕。你知道为了这笔钱，梅付出了什么。你深爱着梅，但梅以背叛你的方式回报了你，你知道那时有一个富豪子弟留学生正在热烈追求梅。你拿着梅给的钱回国了，父亲活了下来。

你哭着问梅为什么要这样做，梅说这是比爱情还要了不起的爱情。

几年以后，你想要报考博士，结果却在最后录取的关头，所有课题组的人都收到了梅的裸照。你知道自己被人报复了，从你爱上梅的那一天起，你就不断遭人嫉妒，你学业上才华横溢更是遭到了别人的算计。你和梅只能回国了，可你和她之间却有了裂痕。你依然爱着梅，可梅却变了，她深受刺激，想要离开现实的生活。梅说她爱上了别人，要离开你……

也许梅真的爱上了别人，你不想去追问。后来，梅遇到了车祸，她变成了植物人；再后来我遇到了你……

你让我看梅手上的那枚戒指。梅的手指冰凉冰凉，你说梅戴上戒指的那一刻你发过誓，要一辈子留在梅的身边。

我握着梅的手，真希望她能听到，真希望她的手能暖一点儿。

我多想让梅清醒过来，让她看到你，让她知道这世上有一种爱情，真的很了不起。

天亮的时候爸爸来找我，我知道是你打电话让他来的。他一见到我就喊我宝贝，把我搂在怀里。

你对我说："回家吧，乖孩子。"

爸爸决定让我去美国念书，也同意让我和妈妈团聚，他不再害怕妈妈抢走我。但或许他没有那么伟大，也许是为了让我彻底避开你。我告诉你我可能要去美国了，跟你这么说的时候，我哭了。你说宝贝别哭，你说美国很好，你说像我这样的女孩儿不应该只留在国内而应该多出去看看这个世界。我说我其实不想出去看这个世界，只想留在你身边。你说傻瓜，你别傻了，等你真的看到长岛的梦幻绿灯时，记得拍照给我看。我说才不要，我去了纽约，你肯定就把我忘了吧。你说我等着你给我发男朋友照片，找不到好的对象，别跟我联系……

"你喜欢我吗？"在过安检的时候我问你。

你推着梅的轮椅，你说："我会永远记得《了不起的盖茨比》第197页。"

我转过身去，突然看到梅的眼角落下一滴泪。

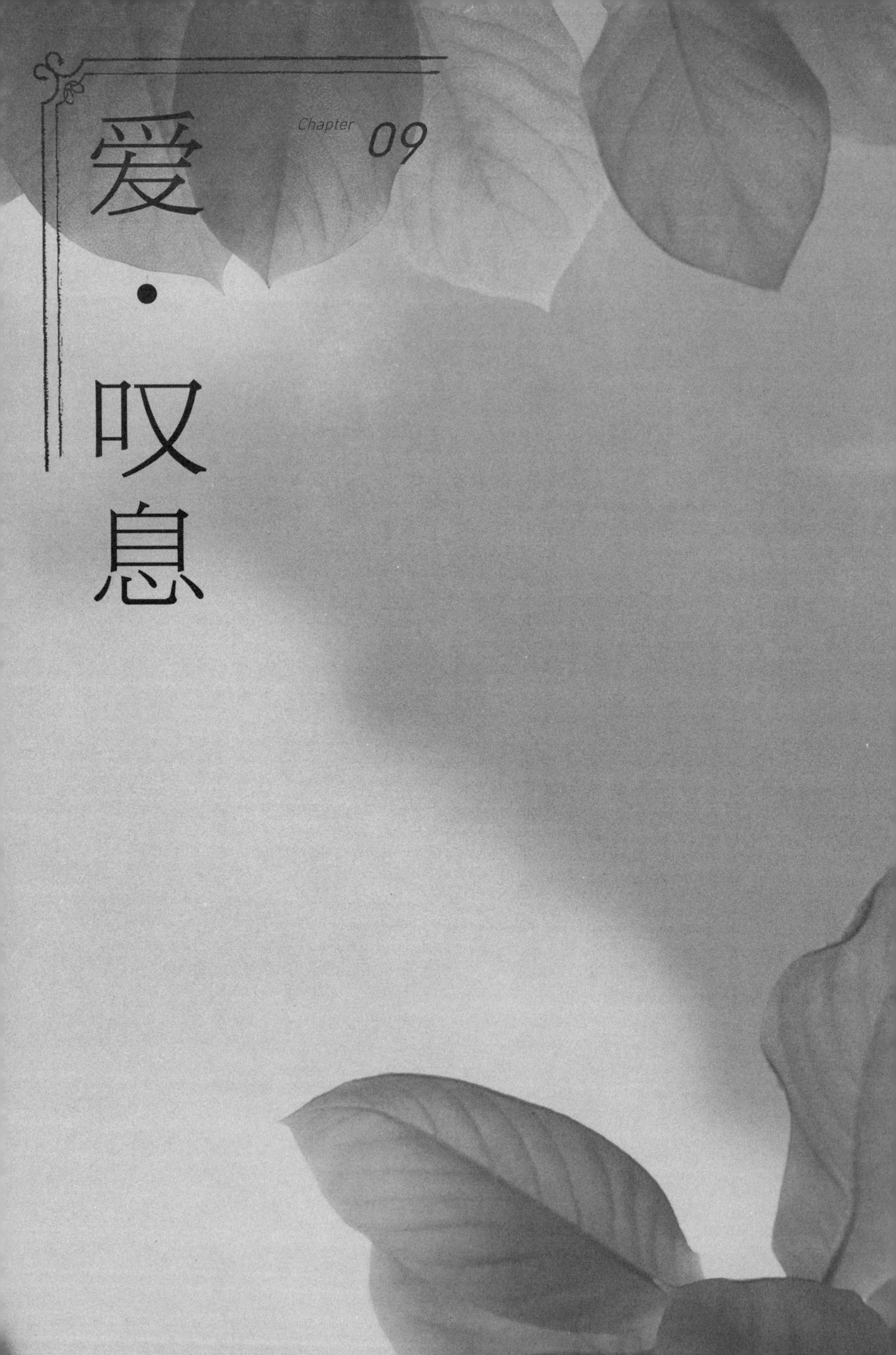

Chapter 09

爱·叹息

柴米油盐的琐碎，初为人母的慌乱辛酸，

像是粗糙的角质层，

缓慢地，粗暴地，侵蚀着爱情的本质……

王子公主的童话故事从来只讲到一半就结局，

而寻常夫妻的故事，其实才刚刚开始……

这生活，硌得人生疼，不舒服，不自在，

但只要还爱着，总会好的，不是么？

初为人母

by
苏枕书

Like a lover,
your life bends down
and
kisses your life.

她想，她应该慢慢习惯这种生活，
习惯隔阂，距离，争吵，冷淡，
无法调和的不满，
不知所终的欲望，
这都属于他们爱情的一部分。

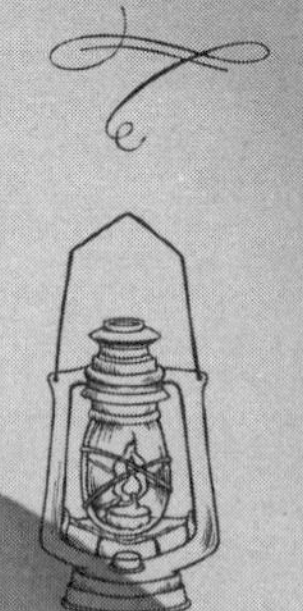

结婚一年，顾明岐生下儿子张秋和。公婆非常高兴，照顾得很周到。丈夫张元朗也几乎天天守着她。明岐在研究所上班，工资不高，但待遇不错。产假给得足，没人有意见，反正上班也闲。小孩子长得很快，一天一个样儿。初为人母的恍惚、喜悦、感动很快就过去，接下来是无尽的操劳。

养儿方知父母恩，此言不假。明岐情绪常有低落，张元朗说："你妈妈上次过来没待几天，你是不高兴了吧？父母之恩是还不尽的，他们也没想着要儿女还。父母应该有这种觉悟。父母恩是要还到自己儿女身上的，这样才能代代流传不息。"

明岐认为丈夫这番高论不乏道理。虽然被请来的阿姨照料得很妥当，但明岐身体一直不太好，此前还流过一次产，总有些这样那样的小毛病，令她心情无法彻底轻松，总觉得哪里悬着什么，睡眠也不安稳。儿子也常生病，每每令她焦头烂额。

她的婆婆不是张元朗的亲生母亲，张元朗父母离婚，继母没有生育过，对带小孩不在行。张家上下都信赖大夫，有什么去医院好了，所以产后好长一段时间，明岐成了医院的常客。

婆婆对养生很感兴趣，常找中医开调养的方子，连带明岐也得跟着喝些又苦又甜的浓汤汁或吃些稠得化不开的药膏。婆婆一番好心，亲自送上门监督她吃药，也不好拒绝。

婆婆年过半百，看起来雍容富贵，喜戴珍珠翡翠，愈衬得她气质高华。婆婆送过明岐一些首饰，有串淡水珍珠项链，粒粒饱满光润，拿在手里非常漂亮，但挂到明岐脖子上就不像。

明岐本偏瘦，生产后又胖在不该胖的地方，肤色一直不好，被这美妙的珍珠衬得很黯淡。明岐当着婆婆的面戴过一回，表示收到长辈礼物的欢喜，之后就再没戴过。

婴儿作息不定，半夜必然会醒，又哭又闹。尿片湿了、饿了都还好，最怕没有缘由的大哭，哭得气断声噎，满脸通红，且容易发烧——这样就又该去医院了。张元朗公司很忙，经不起这样折腾，自然是明岐照顾孩子。明岐很想请住家保姆，但婆婆和张元朗都不同意。“哪能放心外人住家呢？带孩子都是辛苦的，有经验就好了。”婆婆很温柔地劝说，又建议，“你知道，你们爸爸那边，我是走不开的，不然我也多想帮你们带秋和呢。要不然，请你妈妈过来住一段时间？她也应该特别想你们。”

张元朗很同意继母的建议，恨不得立刻就要买机票请明岐母亲上京。明岐不是不想念母亲，只是近来父亲身体也算不上康健，老家事情又多，不好意思麻烦妈妈，只好继续摸索“经验”。

老友钱浣君的儿子已经上托儿所了，明岐很羡慕。她们虽然都在北京，但一个住北五环一个住通州，其实很少见面，偶尔也就打电话、发短信。人的精力实在有限，明岐深深感慨。她再也不抱怨那些结婚生子日渐疏远的朋友了。一旦有了家庭孩子，哪有余暇顾及朋友？

儿子周岁，张家在酒店摆宴席，来客甚多。有张元朗爸爸生意上的朋友，也有张元朗自己生意圈的朋友，排场做得很足。明岐父母本也是要来的，但最终未能成行。明岐爸爸心脏不好，不想坐飞机。火车只有一趟，要走十个小时，实在吃不消。他们快递了一大盒给外孙的礼物，有各种小衣服、小鞋帽，还有各种婴儿用品、书籍，借此表达心意。

散席后，张元朗说要带妻儿去个地方。明岐不知是吃坏了东西还是着了凉，肚子很不舒服，去了两趟厕所，仍是肠鸣不已。她面露倦色：“去哪儿？明天不行么？”张元朗也不说话，只顾把车开出去。她又问了句，正好遇上堵车，张元朗脸色不善。想了想她问：“是去南边家里？”指的是元朗住在城南的生母。他们平时以住处区分两位母亲，继母和父亲住在海淀，就叫“海淀家”。但这回不知怎么触怒了张元朗，他冷冷道：“什么南边，那是我亲妈。”明岐一面忍着腹痛，一面忍着堵车的无聊，还要照看怀里的孩子，心情总也不好，遂也冷下脸来。一直到南边婆婆家，才换了笑脸。

南边婆婆对前夫痴心不改，一直未再嫁。她分到不少财产，生活无忧，养了一只小巴儿狗。逢年过节前夫还会来看她，送点儿节令物品。这也令她充满感慨，认为前夫顾念旧恩，毕竟是好的。这点明岐很不以为然，也觉得可悲。她还没结婚时，就因为和张元朗议论此事而大吵过一架。张元朗说：“我妈就觉得我爸好，怎么了？碍着你什么了？”当时他们为了这事闹到要分手的地步。钱浣君劝她：“这虽然是价值观的问题，但确实和你们两个人没什么本质联系。何苦为了这点儿事就分手呢？”分手确实痛苦，吵架也痛苦，不如磕磕绊绊在一起，都会磨平的。明岐这样说服自己，事情就过去了。

南边婆婆给秋和红包，小孩子还不会说话，只会动来动去，咿咿呀呀地发些单音节。这已足够令老人兴奋了。她留儿子一家吃晚饭，张元朗温声说好。他在母亲跟前很温顺，明岐望着丈夫，心头一软，自己最初就是被他这种温柔的声音与神情打动的吧。

当晚回家，明岐安置秋和睡下，准备翻会儿闲书也睡觉。张元朗推门进来，在婴儿床边看了会儿熟睡的儿子，明岐便也侧过身去看。小孩子不吵闹的时候确实很可爱，何况是自己生养的骨肉呢。

明岐突然发现丈夫正含笑看着自己。“今天我睡这儿吧。”他说着就挨上床。明岐迟疑：“你明天一早得出门，他晚上要醒好几次……”话未落音，丈夫的吻已经过来了。他吻得很细，很认真，几乎让明岐觉得陌生。这才想起，自儿子出生后，他们还没有过。有一瞬，明岐惊异地意识到自己是真正的妇女了。好像青春期还没过完，二十多岁的日子还不远，时间怎么可以这么快。中间发生了多少事，像一页纸，轻轻翻过去了。她还记得当初一起租住的小屋，经常吵架，总是哭。而他只要温柔起来，她就能原谅。她好像没有真正记恨过他，所以也谈不上原谅。吵架很消耗体力，她渐渐体会到沉默和冷战的好处。他的吻很漫长，她看见他微闭着眼睛。床头灯在他脸上投下阴影，他的样子仍然好看。然而不知为什么，她的身体迟迟没有任何反应，她很努力地配合，抱紧他。他也意识到她干涩的身体，很抱歉似的停了下来，又抱抱她："你太累了，我们睡吧。"

之二 ……………

明岐回研究所上班后，家里终于请了位阿姨。是海淀婆婆找来的，张元朗也放心。阿姨是河北人，行事利索干净，带孩子很有经验，开的工资也不低。早上七点四十五来家里，明岐八点出门上班。中午明岐回来一趟，一起吃中饭。晚上明岐五点下班，最快六点到家，阿姨在这之后就离开，不和他们吃晚饭。不久，明岐中午也不回来，就在单位吃饭。阿姨为人可靠，很让大家放心。明岐终于可以回过神，找一找单位的工作节奏。

后来夜里，他们又努力过几次，但都不理想。有一回张元朗突然看到明岐扭曲隐忍的神情，顿时兴味索然，也有些心疼："很痛么？"明岐抱歉极了，也很沮丧，伸手抚了抚丈夫的脸。他躺下来，揽着她的腰，似是安慰。她想再试一次，但他已经困了。

半夜秋和当然还会哭，他也醒了，见明岐已经抱着孩子在屋内轻轻走动。窗外是无边的深夜，星火灯光，明亮的马路。天的一边微微发红。那么静。“你还是睡那间吧。”明岐小声道，“明天你要起早。”他拥了拥她，走出房间。

一日上班时，明岐的手机和办公室电话一起作响。手机是小区保安打来，说家里的阿姨跟别人打了一架，闹得不可开交，要主人回去处理。问怎么打的架，那边闹哄哄的，还有孩子的哭声，是秋和无疑。保安急道：“咳，您就快回来吧！”座机是张元朗的，说的是同样的事情。他道：“我在开会，现在回不去。你赶快请假回去看看。”又吩咐她多取些现金以备不时之需，“别坐地铁了，打车回去吧，这个点儿路上也不堵。”

她急忙跟所里请了假，路上打阿姨手机也不接。孰料车也不好打，等了二十多分钟竟没打到。心浮气躁中要走到下个路口去，结果来了车，又被一群年轻人抢了先。出租车久候不至时切忌东跑西跑，一定要有耐心。若在平时，她不至于此。

这时丈夫的电话又来了，问她到哪里了。怕他担心，只说刚上车。他仍嫌太慢，抱怨了一句“早让你学车你不学，又不是没车给你开”。

说话间终于有辆车到了，她赶紧开门上去，吩咐师傅到某某花苑。那边丈夫听见，突然很生气：“这点儿小事你犯得着哄我么？这不才上车么？你怎么说就在路上了？”她也怒道：“我不想早点儿走？这不就是在路上了么？你有车怎么不回去看？”他冷笑道：“好，你行。”就挂了电话。

她还是不知家里到底发生了什么事，又打阿姨电话，仍不接。再打保安电话，也不接。这时丈夫电话又来了，已换了平静的口吻，问她现在走到哪里，跟她讲了事件大概。说阿姨抱孩子在小区草坪上学步，被谁家的狗冲撞了，阿姨遂跟人起了争执。孩子应该不要紧，也没有摔着。明岐终于松了口气，要继续问细节，他语气又烦躁起来：“我也就知道这么多。你这不马上就到家了么？我还等着你告诉我呢。”

总算到小区保安值班室，老远就听见阿姨的声音，略带河北腔调，很愤怒。还有另外一个女人的声音，尖锐的京腔。这种腔调平时也听不到，只有吵架时才有，特别有杀伤力。明岐觉得自己完全是个外地人。

一见主人，阿姨立刻上来，怀里抱着秋和，意思是孩子没事。接着说事件始末：“我和宝宝好好儿地在草地上呢，她的狗就冲过来了！这么大一只狗，也不拴好！我怎么拦也来不及，宝宝就跌了一跤。还好是在草地上！要在水泥地上怎么办？非得磕破不可。我说她两句，让她看好她的狗，她居然说我没有看好宝宝。你说这人怎么说话呢？她把她的狗和宝宝说得一样！”

那位妇女厉声打断：“你这人怎么说话呢？怎么这么会搬弄是非？也就是给人家当保姆的，就这么会嚼舌头根儿，主人家能放心你么？”说着很客气地跟明岐道了歉，“您是孩子妈吧？真对不住，我家宝贝儿不小心，把他给吓着了。不过真没事儿，就是坐了个屁股蹲儿。当时还有别人瞧见的，有人作证呢。孩子的事儿，您要我怎么道歉都行。可是您瞧瞧，我这衣服，我这脸，都给您这保姆挠破了。您说这事儿该怎么结？”

还没待明岐发话，阿姨怒不可遏，又要上前理论：“我当时让你管好狗，你却让我管好孩子，有你这么说话的么？我是挠你了，你就没还手么？”说着挽起自己的袖子，把胳膊上几道抓痕亮给大家看。

“好了好了。”保安调停，“孩子没事最好。现在孩子妈妈也来了，就说说这事儿该怎么办。都是街坊邻居，抬头不见低头见，不要伤了和气。”

最后明岐给狗主人道歉赔不是。那妇女也颇讲理，同样道歉不迭，末了说：“您孩子真招人疼。”

所里反正无事，下午半天就不去了。阿姨仍气愤难平，说那女人太不讲理。明岐被闹了半天，也觉头痛，反过来安慰她。手机响时才想起没给丈夫电话，他先打来了，问了细节与善后，他突然道：“你带秋和去趟医院吧。”

“为什么？孩子没事啊。”

“你怎么知道没事？孩子这么小，跌到哪里你知道么？”明岐很意外他居然发这么大火。“有你这么当妈的么？去趟医院怎么了就？外人说孩子没事，你就这么放心？你知道那是怎么摔的？回头出了事后悔来得及么？”

阿姨见明岐脸色有异，多少也听到电话那头只言片语。待她挂电话后，低声道：“顾老师，咱们还是去医院瞧瞧吧。”明岐神色有些黯然，强作笑脸道：“那你今天早点儿回去吧，也怪累的。”

明岐抱着秋和，走在北京初秋的街头。尚有花开着，花圃里颜色丰富的月季并不美，像假花。灰很大，天发乌。白茫茫一轮太阳，照得人发晕。她打车去医院，挂了专家号——若挂普通号丈夫也是要生气的，他相信权威。大夫问：“孩子怎么了？”她答：“两个钟头前摔了一跤。”“摔哪儿了？”“跌在草地上，不太放心。”大夫做了基础检查，又询问了几句，道：“没事儿，孩子很好。学步时稍有磕碰也难免，家长一定要多注意。”明岐终于松了口气，小心问道：“真没事儿？要不要再看看？”大夫很慈祥：“孩子很健康，您放心吧。现在换季，倒是要注意别感冒了。”明岐朝他感激地笑了，低头看见秋和，乌亮的眼睛，嘴嘟着笑。

从医院回家天已全黑，明岐累得不行，还要做饭。等张元朗夜里回家，她连说话的欲望都没有了。

之三 ……………

张元朗想换个阿姨，明岐不同意，说现在的阿姨挺好的，带孩子有经验，也没出过错。他只摇头，说不能再用她："居然跟人打架，天知道还会做什么出格的事儿。这个人太不稳妥。"

明岐道："她也就是跟人理论，拉扯了几下。"

他皱眉："这不是泼妇么，你放心让个泼妇在家？"

明岐道："一时半会儿也没找到新人，等找到了再说不迟。"

"要找还不就明天的事儿。"

"那你去跟阿姨说，我不好开口。"

"你怎么不好开口？"他眉头一紧，"多大的事儿？我这么忙，出门时她还没来呢，难道你要我给她打电话？你就不能和她当面交代？"

"怎么最近火气这么大？"明岐也冷冷道，"不能好好说话么？"

他遂不语，径自饮酒吃饭。饭毕只把自己的碗筷收拾了，躺在沙发里听唱片。大耳机把他罩得很严实，一副不与外界沟通的样子。后来接了个电话，似乎是公司的事，谈了很久，间用法语。明岐不通法文，听不懂。哄孩子睡下，她也洗澡收拾。他电话已经讲完了，人陷在沙发里，抱着电脑看邮件。她的视线在他身上停留了片刻。她认为他肯定知道自己在看他，但他没有任何反应。她想朝前走，想开口，但整个人像被浓厚的胶水封死了，只有转身，一步一步退开胶着的时空。

那河北阿姨到底还是辞了，不过是海淀婆婆出面。婆婆办事周到漂亮，过了半个月才提，说有个远房亲戚要到北京谋事，就请她来带孩子。阿姨离开后，并没有传说中的远房亲戚。张家迁入北京都是百来年前的事了，一门上下不是从政就是经商，虽无了不起的业绩，但都过得不错，哪有什么要谋保姆之职的人。孩子还得明岐自己带，又要上班，实在不可能忙得过来，不得不再提找阿姨的话。

张元朗答应了，说："这个得慢慢来，急不得。现在人心太坏，哪里放心随随便便找个人进家门。"明岐说："既不放心，那不如再请妈去物色？"他也是答应得好好儿的，但人选迟未出现。明岐自己动手去找，又问所里同事有无可以介绍的人。张元朗总是不满意，答案只是"不稳妥"。明岐无心争吵，只想早日解决此事，只好又求助海淀婆婆。婆婆话说得很温暖，让她别着急。可明岐已经焦头烂额。她想请婆婆带孩子，但婆婆不可能住到他们这里，孩子送过去也不太方便。请南城婆婆？也许对方很希望带孩子，但海淀这边肯定不高兴。南城婆婆为人谦卑恭谨，再喜欢秋和，也从未开过这个口，明岐又怎么好意思开口？

和母亲电话，烦乱的情绪一下被看穿。母亲问她怎么了，她不想让妈妈担心，只说带孩子太累。妈妈当然会安慰她，结婚生子后更想起自家父母的恩情，而天南地北，说交通方便，但实际一年又真能见几面？明岐很想念母亲，一时不知从何说起，只顺着妈妈的话搭两句。妈妈忽道："要不你把秋和送到我这里来？我和你爸爸都不忙。"

此事再好不过，明岐夜里和丈夫商量，他说好，但又说担心麻烦爸妈。

明岐道："他们都退休了，肯定愿意带的。"

他道："妈妈最好还是住到北京来方便。"

明岐摇头："我爸爸离不开她，还是把秋和送回去一段时间吧。等孩子大点儿，可以进托儿所就轻松了。"

他道："那把爸妈一起接来。"

明岐道："让他们住哪里？我们家地方不大，我妈当时一个人就不太方便。总不能让他们住宾馆吧。"

他站在窗边，一时没有接话。

她又道："请阿姨，或者请你家帮忙，还是请我家，总该选一个。"

他似是漫不经心，回身道："要不然你换个更轻松的工作？研究所的时间太死了，朝九晚五。"

她没想到解决方法最后落到自己身上，愣道："朝九晚五还不够？换什么工作？"又冷笑道，"你是不是希望我不工作，就待在家里？"

不料他认真答道："自由职业挺好的，人家夫妻两个都出去工作，那是生活所迫，没办法。既然不需要挣钱，倒是可以选择更自由的方式。"

明岐声音高起来："本来找个阿姨是多简单的事儿，哪里不稳妥了？我找，你们不放心；让你们找，你们拖着；请我爸妈带，你又不愿。孩子不是我一个人的，你怎么不换更轻松的工作，夜里也起来换尿片、喂奶？你要我怎么样？"

张元朗拍拍她的背："别闹，别吵，对身体不好。我也就一说，你别急。"她当然急。见她情绪仍不佳，便来吻她耳垂，又至脖颈，手从上衣下摆伸进去。事情悬而未决，他却有心求欢。但性又何尝不是解决之一途，恩爱可暂浇怒火。他揽她的腰，抚她的肩，喉咙里道："辛苦你了。"安慰女人真是容易，再大的怨气，有这一句多少也平了。他们是夫妻。他们很久没做爱，她认真地回应着，示意他可以了。可她的身体仍似封冻，她不知欲望在哪里。但幕布已拉开，不可以没有音乐，台上台下都寂寞。错了调的曲子，乐谱不知该翻到哪一页，要把这支奏完，才好唱下一章。她非常努力，他问她，还是痛？她连连摇头，很渴望的神情，不，快，快一点儿。他观察她的表情，叹了口气，缓缓离开她，只是吻而已。又把她扶到沙发里坐下，径自去洗手间。她呆呆坐着，把解开的扣子一粒一粒扣好。哗啦，马桶冲水的声音。他走出来，拍拍她的手。她说不出是抱歉还是恶心，要回房间。他道："我带你去找大夫看看吧。"

"不去。"

"听话，问问怎么回事。"

她回房休息了。

之四 ……………

春节后，明岐妈妈来北京，小住了几天，把秋和带回南方去了。海淀婆婆非常客气，送了很多礼物，说了很多抱歉、辛苦之类的话。送母亲去火车站，孩子本来是张元朗抱着的，明岐又抱了会儿，待进车厢时交给母亲。秋和已经会说话，见换了怀抱，立刻大哭，喊"妈妈"，小身体直往明岐那边挣。骨肉亲情确非一般，明岐伸手就要去抱。母亲很果断，不让她碰。哄着秋和，直往车内去："你们别进来，孩子反而要哭。过会儿就好了，快回去吧。"

"妈说得对。"张元朗安慰明岐，"你在外面等一下，我进去帮妈放好东西就出来。"

火车开动，隔着玻璃看见母亲抱着秋和朝他们挥手。秋和一张哭脸，很快就远去了。

头几天寂寞极了，恨不得时时要跟母亲联系。妈妈让明岐放心："你们都安心工作，孩子好得很。"又道，"对他好一点儿，你们也该好好儿重温二人世界了。"明岐好像被戳穿似的，不想继续说了。

两岁的小孩子每天的变化都很惊人，学说话非常快。每次母亲都要在电话里让明岐听。有时秋和刚好肯说，但大部分时候都不配合。明岐很喜悦，也让张元朗听。

有一回，张元朗问明岐："有没有觉得咱们儿子说话有口音？"

明岐一愣，旋道："才会说些词语，哪听得出口音。我爸妈都会说普通话，跟咱们不一直都说么？我以前在家也不怎么讲方言的。"

张元朗道："南方普通话还是挺明显的，听咱们儿子后鼻音发得不很标准。"

明岐道："我也发得不准，但知道是后鼻音不就行了么。"

张元朗笑："咱们儿子毕竟是要长在北京的。"

他们为此事又吵了一架。海淀婆婆也暗示明岐早点儿把孩子接回来，说是婴儿成长期最好还是跟着父母，等大了有些习惯就改不过来了。明岐非常生气，张元朗觉得她无理取闹。"我不是说你爸妈带得不好，可有口音就是有口音。我也没说有口音不好。你怎么这么敏感？咱们还能不能说话了？我妈哪里说错了？隔代培养孩子就是不好。"

吵的结果，春节时明岐一个人回了家，把秋和带回北京。幸好张元朗爸爸给他们联系到合适的保育园，是张家熟识的朋友开的，价格不菲，条件优良，属于"稳妥"范畴。

孩子的问题终于暂告段落，而明岐还是被丈夫带到医院，挂的心理科专家号。大夫慢条斯理，询问详尽，最后宽慰说没事，慢慢调整状态就好。张元朗不放心，请大夫好歹开些药。明岐不同意，大夫也道，这不属药物解决的范畴，实在要开，只能推荐多用润滑剂，耐心点儿，不要急。

回家路上，明岐没有坐副驾，而是歪在后座休息。初春的天是苍黄的，无尽的堵车，一大轮白茫茫的太阳，隔着茶色玻璃看，仅一个圆点。她伸手摸了摸那个冰凉的光斑，瞧见自己瘦削的脸，略乱的头发。想起春节参加丈夫公司的跨年酒会，穿多璀璨的晚礼服，化多浓的妆也还是托不出她这张脸。她本来就不美，产后总觉身材不佳，连笑容都显迟钝。丈夫倒是挽着她，呵护备至，领她去见这个那个朋友。别人喊她张太太，她有些羞赧，不知说什么，只是微笑，身体微微倾向他，仿佛稍一远离就不知该怎么走路。孩子大一点儿就好了，很多人都这样安慰她，婆婆、母亲、钱浣君、单位同事，过来人的经验，她理应相信。

她看见丈夫的后脑勺，还有后视镜中的眼睛。他也在看她，她只看见这双眼睛，其余表情都不知。但她知道那脸上有微笑，好像在安慰她。她知道他们正走在越来越远的路上，太清楚了，只是都还在努力。至少还有孩子，他很爱孩子，张家人也很爱。她应该慢慢习惯这种生活，习惯隔阂，距离，争吵，冷淡，无法调和的不满，不知所终的欲望，这都属于他们爱情的一部分。

Chapter 10

爱·试探

你爱我吗？

这句话问出口已够卑微。

比它更卑微的，是连问的勇气都没有。

繁华都市，饮食男女，

小心地试探，靠近，取暖，

怕寂寞，更怕被爱灼伤。

你爱我吗？你绝不开口。

比起爱他，你总是更爱自己。

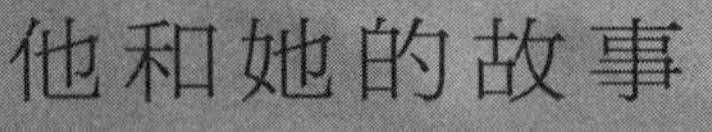

他和她的故事

by

自由极光

I hope you could keep some kind of record, about me.

这个城，

这个时代。

好多再见，

都会成为永别。

之一 ……………

他和她遇到的时候，是在新光天地的香水柜台。

他身边有个妙龄少女，撒十分拙劣的娇，是个明显被宠坏了的小女孩。

他总是在一旁淡淡地笑，眼里有温柔的光。

她是售货员，好心地提醒小女生她想要的香水香调太过成熟，结果引得这蛮横小女生无理取闹，讲出很难听的话。

她气得脸涨红，拿试香纸的手都在微微发抖，但还是赔着笑脸解释。

他耐心哄小女生，买下全系列的香水逗她开心。她这才罢休。

小女生拿着他的信用卡去结账。他在柜台前等。

她在忙着包香水。气氛有些尴尬。

终于，他轻声开口跟她讲，对不起。

她以为听错了，说，先生您需要什么？

他嘴角划出一道温柔的弧线，再次柔声说，对不起。

她笑笑，抿嘴摇摇头。低头忙她的。

他饶有兴趣地看着她忙碌，她并没在意，嘴角挂着职业的微笑，继续手脚利落地包装。

小女生交了钱回来拿东西，她有礼貌地递上，讲了声谢谢。

结果换来对方一个白眼、一声冷哼。

待对方转身扯着他跋扈地走开，她无奈地耸耸肩，吐吐舌头。

结果被他转身看见，两个人四目相接，各自留下了个不明含义的微笑。

之二 ……………

他和她第二次遇到的时候，是在新光天地的星巴克。

她下班，犒劳下自己，跑去星巴克买个星冰乐，蹭免费的时尚杂志看。

他换了个女伴，依旧年轻得仿佛水蜜桃。

两个人前一秒钟还在柜台前讨论喝什么好，后一秒钟那年轻女生就转身抓起她桌上的绿茶星冰乐，向他劈头盖脸洒了过去，继而转身潇洒地离去。

他和她同时呆住了。

她心疼得要死，当然不是因为他。三十多块呢，她心想，刚喝了两口而已，要洒您自个儿买一杯啊。

他有些尴尬，黏稠的绿茶星冰乐从他身上滴下来，湿了他的鞋子。

她递纸巾过去，他头也没抬地接过来，蹲下身来，擦自己的鞋子。

对不起，他说，我待会儿再买一杯给你。

她觉得他声音熟悉，仔细打量了他一下。没事儿，她说。

他也觉得她声音熟悉，抬头望向她。两个人四目相接，再次同时微笑。

他们都认出对方来，这次的微笑，已然不像上次那样不明含义，多了那么一丝丝莫名的温暖。

之三 ……………

她陪他去买衣服。她本来不想去，可他眼神诚恳，她也实在不好意思拒绝，就应了。

他去了杰尼亚，那是她在时尚杂志上才见过的牌子，每次下班路过，想都没想过进去。

他已然是这里的常客。店长亲自过来服务，告之哪些是新款，且并不多嘴为何他平整的蓝色条纹衬衣上有大片绿色的污渍。

见过世面的人，自然懂得哪些话该说，哪些话应该放在心底。

她一开始有些局促，拿着店员奉上的饮料，略略有些受宠若惊。

但很快，她就完全放开了。不是因为他一直不停地来询问她的意见，只要她点头，他就说，包起来，让她面子倍增。

只因为她就是那种小犬般的女孩儿，性子里其实是横冲直撞、天地不怕的，局促完全是因为被人这么体贴地招待，跟自卑感无关。

买完衣服后，四个袋子。

她要帮他提，他也没拒绝，分了两个给她。

路过Dior，他问她要不要进去看看。

她吐吐舌头说，你还要买啊？

他说，我想买个小礼物送你。走，去看看有什么喜欢的。

她不知为何，心里有丝丝的不舒服。

我不要。她的语气有些硬。

他愣了一下，但随即笑笑，说，那我请你吃饭，这你可就不能拒绝了。

她笑起来，像是春天的某种灿烂小花，虽不起眼，但却力量十足，就像她的人。

之四 ……………

他们去新光天地下面的美食街吃了麻辣香锅，他想带她吃点儿别的，贵点儿的，可是她坚持。

他只得由她。他其实由着所有的女性，只不过由到一定的限度，他就变为一个陌生人。

那家麻辣香锅的味道出奇好，起码在吃惯了精致菜肴的他吃起来，是别有一番感觉的。

她也吃得很开心，眉飞色舞，跟他七七八八讲她身边的事儿。

他微笑着听，也觉得快乐。她的世界跟他不同，跟他之前接触过的水蜜桃们的世界也不同。

所以，他因为新奇，也觉得有趣，听得津津有味。

吃完后，她问他，你饱了吗？

他说，没太饱，但是医生说晚饭吃七成饱比较好。

她撇嘴，一溜烟儿地跑去卡拉是条热狗买回两个热狗，塞一个给他，说，吃了它。

他接过来，把医生们的告诫抛诸脑后，开心地吃完了那个热狗。

之五 ……………

从新光出来，他要送她回家。

她说，别，你的车太大，开不进我们家的巷子。

他说没关系，可以送到巷子口。

她微笑着摇头，长头发被夜晚没来由的风吹起。街头华丽的灯们，融出一种迷蒙的温暖的黄，洒在她的脸上。

尔后她跟他讲，再——见。

一字一顿，带着笑意，转身向大望路的地铁站跑去。

他看着她小鹿般离去的背影，晃神了片刻。

之六 ……………

他们后来没有常联系，他有的时候会来约她吃饭，她有时候同意，有时候拒绝。

他们一起去的馆子，都是她觉得好吃的东西，虽然不贵，也不精致，可是味道是好的，他也大多没吃过，所以乐此不疲。

他总是抢着付钱，这不太符合她的习惯。

可她是个聪明的女孩子，懂得给男人留面子，所以每次他付完钱，她总是会买一些小礼物在下次吃饭的时候奉上。是些不值钱的小东西，但也是她精挑细选的心意。

他每次都会微笑着接过，也不拆它们。

她知道，也许他回家后，随手就放会在一旁，直到被家里的用人丢掉，也永远不会拆开。

但她还是会坚持送，这仅仅是一个她的个人行为，与一切外部世界无关。

之七 ……………

他们除去吃饭，平常甚少联系。

她曾经跟他开玩笑说，我们俩是饭友，他憨憨地笑，露出几颗白牙齿。

每次吃饭，也是他差不多在她下班的时间，直接跑来新光天地的香水柜台找她。

他们甚至没有对方的手机号码。

他是给过她一张名片，她顺手放到了包里，后来就找不到了，她也没再要。

这样说奇怪也自然的关系，不咸不淡地过了小半年。

重复的日子总是过得很快。

他们之间有了一种说不清道不明的感情，不是暧昧，也好像不是爱情。

之八 ……………

她的生日在春天，一月十四日，那个时候的北京还很冷，偶尔会下雪。

她在北京实在是没什么朋友，她这样的女孩子，总是莫名地会被同性们疏远，她自小便习惯了。

事实上，她其实也安得寂寞，并无怨尤。

那天下班后，她打了个电话给在远方孤身一人的母亲，说打了钱给她，让母亲买点儿好吃的。

母亲却坚持要再打回给她，说她的退休金已然足够生活。母亲说，囡囡啊，多买点儿漂亮衣服，你小时候那么爱美。

华灯初上，街头车如流水。她挂了电话后，忽然觉得累，在马路牙子上蹲坐下来，恍然了少许，眼中就有了雾气，眼泪止不住地掉下来。

她心里忽然就有了那么多、那么多的委屈，像一只小手，慢慢地推开她内心所有的、自以为是的坚强。

然后他是怎么出现的，她并不清楚。她当时已然哭到自己的世界天翻地覆，外面的世界如何，她并不知道。

她只记得他悄然地坐到了她身边，没有问怎么了，只是温柔地把她拥入怀中。

她并没有拒绝他的拥抱，她是需要一个肩膀。

之九 ……………

随后他们去了KTV，她要求的。

他不由分说地要了最大的VIP包，两人进了包间，有些空。

他说，我变魔术给你看。

几个漂亮的魔术手势过后，他对她说，你去看你的包。

她走去看，是个系着白丝带的漂亮蓝盒，打开后，是一条TIFFANY的银链子。

他生怕她拒绝，忙说，这个不贵的。

她笑，自己把链子扣上，对他讲谢谢，并没有给他为自己扣的机会。

随后她说，我唱歌给你听。他微笑着点头。

她杂七杂八地唱了很多歌，都是台湾女歌手的歌。

他就在一旁安静地听，并没有也要高歌一曲的意思。

终于唱得两个人都有些累了。

她说，最后一首歌，我之前没唱过，现在全球独家首唱。

她唱了戴娆的，《但愿人长久》。

“人生有许许多多路口，常常不知向左还是右，有时我会感觉到孤独，偶尔想找个人一起走，我愿人长久。”

他听得很认真。

一曲唱毕，他上前吻了她。

然后他们做了爱。

第二天，她在他的大床上醒过来，床单洁白，阳光温暖，她觉得很幸福。

他已经去公司，留下一张字条和一沓放在信封里的钱。

字条只有简单的一句话：我去公司了，你可以自己去买点儿东西，钥匙在桌上，晚上见。

她看了字条很久，终于叹了口气，把字条默默地叠好放到钱包里，把房间整理好，把钱放到了床头。

他家很大，大到有些空，并无女性的痕迹。

打开冰箱，是空的，偌大的双开门冰箱，仅仅空空地码着一排矿泉水。

她打电话请了假，出门，去楼下的超市买了一堆食物，塞满了冰箱。

看一看时间，已经是下午，她原本想要不着痕迹地潇洒离开，可步子往门口迈，就缓了。

她始终贪恋前一晚的温暖，在这个偌大而空旷的城市，有这样一个人，给过她前所未有的暖。

她决定再留一晚，她要再试一次，看他是不是已然爱上了她。

一个女人，要试一个男人是不是爱她，其实代表她早已在不知不觉里爱上了对方。

只是这一切，她不明白，亦不想明白。

也许等她明白的时候，她已经没有办法和能力再爱上一个人了。

他下班回来的时候，一进门，就闻到饭菜的香气。

是家常的味道，在他搬来这个家之后，便从未出现过。

她听到开门的声音，从厨房迎出来，自然地告诉他再过五分钟汤就好了，仿佛这个家的女主人。

他坐在沙发上，打开电视，忽然有点儿恍惚和局促，仿佛这个家不是他的。

这样的日子，恍若隔世。

她给这个家带来了生机和热闹，但是对于他来讲，这个热闹，来得有些措手不及。

她闯入他的生活，没错，是他允许的。

只是这个阵仗有些大了，他觉得有些兵荒马乱。

所以，直至吃完晚饭，两个人都有些沉默，都在努力地找话讲，彼此却默默感觉越来越糟。

后来她去刷碗，他看到床头柜上的钱，心中有些默默的恼。

他不知道她要什么，也不知道自己能给她什么，他有点儿不喜欢这种不确定感。

她对他来讲，是一个未知数，一个待解谜题，一个X。

但是他已经过了解谜的年纪了，对于感情，他只想要不费劲的。

他不知道她想要什么样的感情，但他默默觉得，她肯定不会想要自己现在的这一类感情。

这么无聊、乏味、生人勿近。

之十二 ……………

吃完晚饭后的时间还早，她提议去看一场电影。这是她在刷碗时便想好了的，总得有人来试着救这个场。

他欣然应允。怎能不应允，这提议简直是一线生机。

大概因为周二的缘故，家家电影院爆满。

他开着车，在附近转了好几家电影院，都买不到票。

最后，她提议，不然去我家附近的某个小电影院。

他只能答应。两人开着车一路从北京的东边到了西边，是西直门附近的一个旧住宅区。

停好车，两人穿越一条巷子往电影院走。一路上有很多小吃摊位，大概是紧邻着几所大学的缘故，有一种家常而朝气的热闹。

他走着走着，心里有些暖，觉得空气中有花香。

简而言之，他冰冷惯了，忽然被这暖暖的世俗生活弄得有点儿春风化雨的感动。

两人的手，不经意地碰到一起。

她有点儿希望他会牵她的手，但是他没有。他忽然在夜色中红了脸。

之十三 ……………

那是一家小小的电影院，只有五个厅，人不多，都是学生。

他要掏钱买票，却被她拦下。

他看着她用手机在淘宝麻利地团购电影票，一张票只花了三十块，还附赠爆米花和可乐。

买完票之后的她长出一口气，一脸满足。

她问他，会不会觉得我很小家子气？

他微笑着摇头。他觉得那一刻的她，可爱至极。

但是他没讲，好多年不习惯在口头上这样真实地表达自己的情感，他已经退化了。

两个人看了一部爱情片，她在结尾的时候偷偷哭了，装作不经意地拭掉眼角的泪。

他假装没看到，有点儿想笑，但最终忍了回去。那笑里，是带着怜爱的。

他们往回走，又恢复了沉默，是舒服的沉默，类同老友。

经过麻辣烫摊位，她停下，问他要不要吃。

不等他回答，她就坐下了，热络地同老板娘交谈，脸上有着迷人的光。

于是他也坐下，吃了几串，喝光了一瓶橘子味的北冰洋汽水。

之十四 ……………

邻桌有一对小情侣，女孩儿穿着餐馆的服务员装，男孩子则穿着房屋中介的旧西装，两人明显是来闯北京的。

女孩儿忽然开始小声地哭，男孩子则沉默着，就那样面对面静静地哭了一会儿。

女孩儿问男孩子，你还是决定要留在北京？

男孩子点头。

女孩儿声音不自觉地提高了一点儿，可是我们没钱了，日子太苦了。我们一起回老家好不好？

男孩子又沉默了，女孩儿看着他，眼里的光一点点黯淡下来。

僵持了一会儿，女孩儿结了账，起身走了。

男孩子跟在后面，仿佛一个做错了事的小学生。

她安心地吃着麻辣烫，嘴里嚼着一块甜不辣。

可是他听到了两人离开时，她不由自主地一声叹息。

那温柔的叹息，绵长而感怀，带着善。

之十五 ……………

两个人吃完麻辣烫后，原路折返，路过一个六层楼。

她指着高层的某一个房间对他说，那一间是我家，要不要上去坐坐？

他犹豫一下，回答说，今天去太唐突了，改天好了。

这是他的习惯，他希望改天找个正式点儿的机会，提着礼物来拜访，显得比较正式。

可是在她的思维里，这俨然是明显的拒绝，甚至还带着一丝礼貌的嫌弃。

她觉得是自己自作多情了，所以她没坚持，说，好吧，那我送你到停车场。

他敏感地察觉出她些许的不高兴，却不知自己哪里做错了。

这一天的月亮升得很大、很亮，天上没有星。

又是一段沉默的路，只是这段路，却有了结束的意思。

走至车前，他的肠胃忽然一阵绞痛，额头上瞬间密密地浮了一层汗。

她看出他的不适，问怎么了，他说不知道，却捂着肚子蹲了下来。

她送他去了医院，是肠胃炎，也许是刚刚路边的麻辣烫所致。

她看着打吊针的他，一脸抱歉，跟他说对不起，不应该拖他吃路边摊儿。

他却笑了，拍拍她的手，安慰她说，也许是中午吃的金枪鱼三明治的问题，麻辣烫刚吃完，哪里那么快就会有反应。

他打完吊针已经是凌晨两点多，她一直陪着他，还去医院对面的711买了关东煮给他。

他拿着关东煮哭笑不得，说，我肠胃炎，好像不能吃东西。

她这才恍然大悟，一脸尴尬。接着又是一阵道歉，他就看着她笑。

她已经不再是那个初识时横冲直撞不知自卑感为何物的女孩儿了。

爱让她有了自卑感。

过一会儿，她见关东煮凉了，不想浪费，自己躲到一边偷偷吃掉。

他眯着眼睛，假装睡了，其实只是觉得她不想让他看到她吃关东煮的样子。

因为第二天要去机场接一个客户，他还是回去开了他的车。

到了后，她本来要下车，可是他仿佛随口一提般问她，去我那儿么？

她没法拒绝。

她对他心怀愧疚，抑或更多的，她对他有好感，只是不想承认。

她心中还是有一束微弱的光。

到了他家，他去洗澡，她在客厅坐着，忽然有些怀念自己的小房间。

待她洗完澡出来，他已经躺在床上睡着了。

她在他身边悄然躺下，睁着眼同黑暗对抗了一小会儿。

在他轻微的呼吸声中，也睡了过去。

她做了一个梦，梦很短，也很乱。

她被抛弃，他坐在船上，冷冷地看着她，顺流而下。

她在后面哭着追，一路踉踉跄跄地奔。

最终摔倒在地上，血流了一腿，再也起不来。

眼睁睁地看着船只，消失在河流的尽头，终于望不见。

她醒来的时候，他已经不在身边了，只剩眼角未干的泪痕。

她之前不是这种患得患失的女子，她忽然意识到，如若这是一段感情，那么，她输不起。

她没有资本去赌，只有一条命。

若输了，命就没了，她得惜命。

床头的钱已经换成了一张信用卡，字条也在，只是换成了简单的四个字：没有密码。

末了，是一个画得有些别扭的笑脸。

她看着那笑脸，手指来回抚摸在上面，也笑了。

她能读懂那笑脸的背后，于他来讲全部的珍贵。

即便这份珍贵，对她来讲，也许一钱不值。

她觉得够了，这个故事结束在这里，很好。

他们本来就是不同世界的人，若此时离去，还有留下美好回忆的可能。

阳光透过落地窗，跃进一片散漫的光。她看一眼时间，不过八点钟。

她决定去上班，回到她的生活里。把一切都留下，连同她稍纵即逝的幸福。

那手上的银链子，她犹豫了下，戴走了。

之十八 ……………

他再也没有找过她。

她的表现，拒绝得太过明显。

他是被女孩儿宠坏了的男子，他有他莫名的骄傲。

北京城，说大也大，说小也小。

当你不想见到一个人，你可能一辈子再也见不到。

这个城，这个时代。

好多再见，都会成为永别。

之十九 ……………

几年后，她的婚期临近，对方是个北京男孩子，做一份普通工作，很爱她。

她最后一日在新光上班，要休婚假，他再次看到她。

他身边是新的水蜜桃女孩儿。他带水蜜桃女孩儿来买香水。

他们都以为对方不认识自己了。

他们没有多说一句话。

之二十 ……………

结婚那日，她摘掉戴了几年的银链子，在洗手间流了几滴不会花妆的泪。

这个他是不会知道的。

就如同她也不知道。

他留着她送给他的所有不值钱的小玩意儿，谁都不准动。

除去首次，他每次带着水蜜桃女孩儿去新光，其实都是为了见她。

他是真的爱过她。

图书在版编目（CIP）数据

你终将爱我 / 张小娴主编. —北京：北京联合出版公司，2013.7（2014.10重印）

ISBN 978-7-5502-1657-0

Ⅰ.①你… Ⅱ.①张… Ⅲ.①短篇小说—小说集—中国—当代 Ⅳ.①I247.7

中国版本图书馆CIP数据核字（2013）第146949号

本书经由青河文化事业出版有限公司授权，限于中国内地发行。

你终将爱我

主　　编：张小娴
选题策划：北京磨铁图书有限公司
责任编辑：王　巍
封面摄影：季囡囡

北京联合出版公司出版
（北京市西城区德外大街83号楼9层　100088）
廊坊市兰新雅彩印有限公司印刷　新华书店经销
字数188千字　700毫米×980毫米　1/16　印张14
2013年8月第1版　2014年10月第5次印刷
ISBN 978-7-5502-1657-0
定价：28.00元